김광식

만남과 떠남
그리고
배회와 재회

초판발행 : 2022년 6월 20일 인쇄
지은이 : 김광식
펴낸이 : 김선문
펴낸곳 : 도서출판 대명
등 록 : 제 2012-000005호
전 화 : 062) 369-5333 팩 스 : 0504-210-5333

값 16,000원
ISBN 979-11-952469-9-1

*저자와 출판사의 사전 동의없는 무단 전재 및 복제를 금합니다.

만남과 떠남

그리고

배회와 재회

작가의 말

어머니 뱃속에서 나와 태를 자르는 것은 그간 지내왔던 한 세상과 이별을 선언하는 일이다. 하지만 그것은 또 다른 세상과 만남이 시작되는 순간이기도 하다. 헤어짐과 만남은 다른 경계에 있는 것이 아니고, 서로 이어지고 연결되어 또 다른 어딘가로 가는 것, 이것이 나는 삶이라고 생각한다.

만남이란 모든 가능성이 열려 있다는 의미일 것이다. 너와의 만남, 무엇과의 만남, 어떤 상황과의 만남, 의도한 또는 의도치 않은 만남, 이런저런 것들이 서로 함께 어우러지고 뒤섞여 사랑과 기쁨과 슬픔과 분노가 담긴 시가 되고 노래가 되고 그림이 된다. 그래서 누구의 삶이라도 살아간다는 것, 살았다는 것, 그 자체가 예술이 되는 것이다.

나이가 들어갈수록 만남이 줄어든다. 아니 만남이 무서워 새로운 만남을 피하려 한다. 육체적인 노화야 어쩔 수 없겠지만, 그것을 핑계로 의식마저 늙어 가려 하니 그 또한 슬프다. 이제부터라도 외모는 비록 가련한 백두옹일지라도 마음만은 홍안의 미소년으로 살아보련다.

아무도 없는 곳에서 홀로 흥얼거렸던 소리를 뭇 이들에게 들려주려 하니 부끄러움을 넘어 두려움이 크다. 이제는 제법 소녀티가 나는 외손녀가 서너 살 무렵, 모처럼 함께 놀러 나온 놀이터에서 갑자기 내리는 비로 귀가를 재촉하는 나에게 들려주던 말, "외할배! 비 와도 집에 가지 말고 우리 씩씩하고 용감하게 노올자!" 이후로 '용감하고 씩씩하게'는 우리 가족의 행동 강령 1호가 되어 모든 만남에서의 접두사 및 접미사가 되었다.

새로운 만남을 위하여 나로부터의 태를 자르고 '용감하고 씩씩하게' 책을 내놓으니, 읽으시는 이들이여, 부디 용서하시라.

이 책이 빛을 보기까지 수고하신 모든 분께 머리 숙여 감사를 드린다. 특히 일곱 벗의 사랑을 갚을 길이 요원하니, 그저 좁은 가슴에다 새길 따름이다.

2022년 가을에

김광식

목 차

1부 순이

1. 순이 1 · 10
2. 만남 · 18
3. 아들놈들이란! · 28
4. 어(漁)떤 그리움 · 32
5. 손녀 딸 쥬디 · 38
6. 더위 때문에 · 43
7. 아우 · 48
8. 오도송(悟道頌) · 56
9. 나의 가엾은 대상포진 · 61
10. 잘난 것도 가지가지 · 69
11. 운전 면허증 · 72
12. 산상 편지 · 77
13. 동네 병원들 · 80
14. 방제명 전(方濟名 傳) · 85
15. 내가 바라본 나의 이야기 · 96

16. 요즈음 · 100

17. 아들의 감기 · 103

18. SNS · 109

19. 순이 2 · 111

2부 조선족 방문기

1. 변(便)의 사변(事變) · 126

2. 위해 성당 방문기 · 131

3. 목단강변 이화네 · 136

4. 조선족 마을 방문기 · 169

5. 조선족으로 살아가기 · 189

6. 중국 서북 지방의 설 · 196

7. 불상 이야기 · 202

〈평문〉
이야기하는 '꾼'의 서사와 글쓰기의 미학 · 208

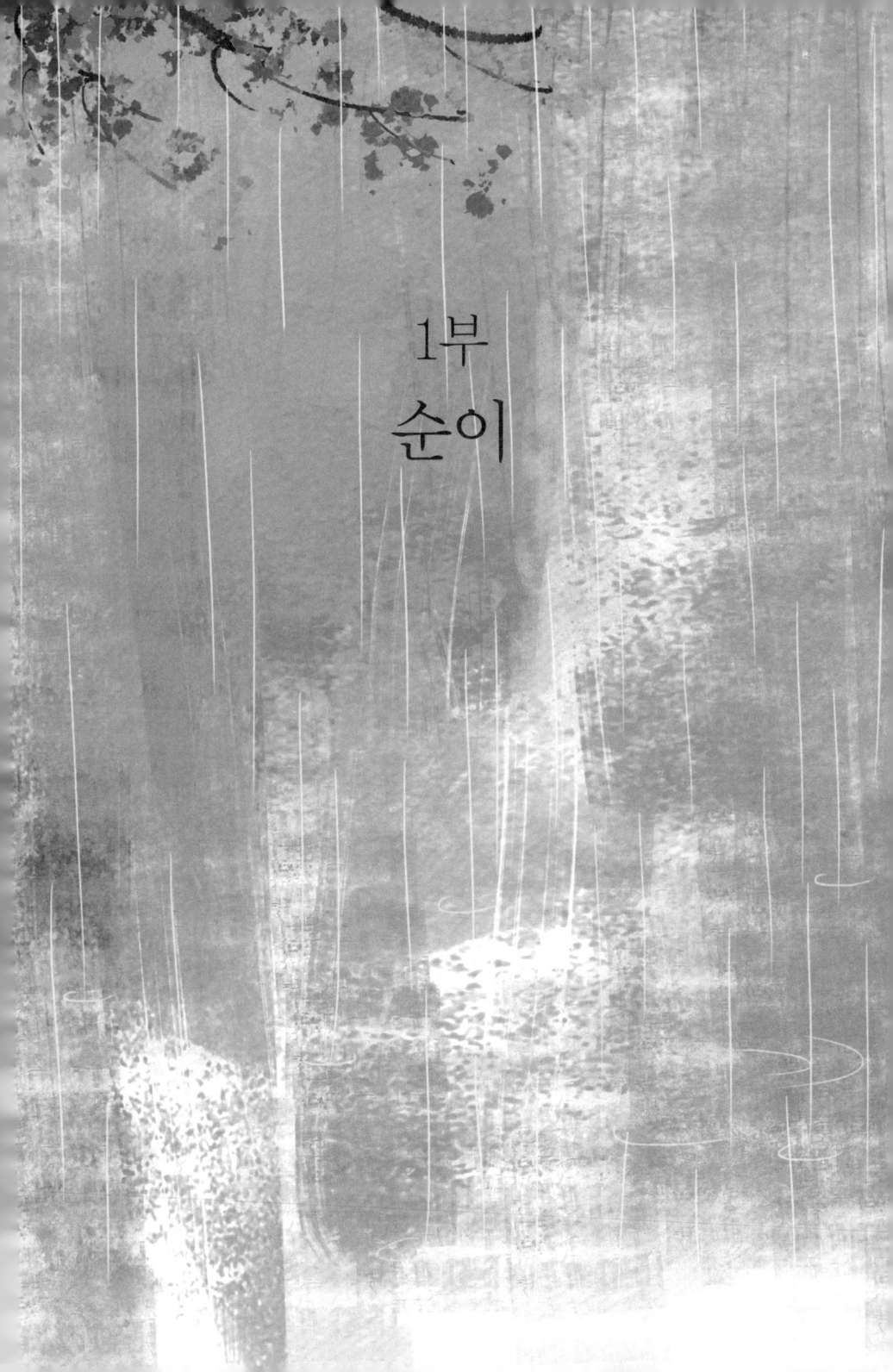

1부
순이

순이 1

　순이는 늘 고개를 숙이고 땅만 보고 다녔다. 눈썰미 있는 사람이라면 그 애의 눈길이 머무는 곳은 제 검정 고무신의 코라는 것을 금방 알아챌 것이다. 타이어 신발이라고 불렸던 검정 고무신은 무척 질겨 한 번 사면 일 년은 족히 신을 수 있었다. 여자 고무신은 코가 높고 볼이 좁은 모양이었고 앞도 볼도 넓은 것은 남자용이었는데 순이가 신고 다니는 고무신은 남자용이었다. 순이는 양말 대신 흰 버선을 신고 다녔다. 공부는 뒤에서부터 세는 것이 더 빠를 정도의 실력이었지만, 체육 시간에는 그렇지 않아도 커다란 순이 눈이 더 커 보였고 양 볼에는 볼우물도 만들어졌다. 검정색으로 물들인 옥양목 치마의 밑단을 걷어 올려 양 끝을 잡아매고 잠방이 차림으로 두 손에 검정 고무신을 움켜쥐고 버선발로 달리는 순이를 당할 여자아이들은 울 반에서 한 명도 없었다.
　하루는 담임선생님께서 반에서 달리기를 제법 하는 남자아이들 사이에 순이도 함께 달리기를 시켰다. 3학년 전체에서 가장 키가 크고 우리보다 세 살이나 많았던 억만 이가 일등을 하였고 이등은 순이가 먹었다. 함께 달렸던 8명 중 나는 꼴등을 하고 말았다. 책가방 대신 잿빛 보자기를 어깨에 둘러메고 늘 흰 저고리에 검정색 치마를 입고 다니는 순이의 옷은 보기 귀한 차림새로 아이들의 놀림감이 되고는 했지만, 남자 아이들과 달리기를 한 후로 순이를 놀리는 아이들은 없어졌다. 그 이후로도 순이는 쉬는 시간에도 방과 후에도, 아이들과 놀지도 말도 하지 않고 늘 자신의 고무신 코만 보며 혼자 있었다.

그런 순이를 생각지도 못한 곳에서 만나게 됐는데, 그곳은 바로 우리 집 마당이었다. 제 엄니를 따라온 순이는 날 보고서도 이내 못 보았다는 듯이 예처럼 제 고무신 코만 쳐다보고 있었다. 순이 엄니가 우리 집 집안일을 맡아 하기로 하였다. 그리고 순이는 일주일에 한 번 반공일날 우리 집으로 와서 제 엄니와 함께 자고 온공일 오후에 제 집으로 돌아갔다. 우리 엄니가 누나들이 입던 옷과 양말, 신발들을 챙겨 주었지만 순이 차림새는 달라지지 않았다. 하긴 나보다 세 살, 다섯 살 많은 누나들의 옷이었으니 얄캉얄캉 마른 순이 몸에 맞을 리도 없었다.

그러던 어느 날 순이 엄니가 등교하려는 나에게 조그만 보따리 하나를 주시며 순이 버선과 속옷이라고 내 가방 안에 넣어 주셨다. 종일 잊고 있다가 수업이 끝나고 가방을 정리하다가 '아차' 싶어 보따리를 들고 맨 먼저 교실문을 나서려는 순이께로 다가서는데, 늘 땅만 보던 순이가 갑자기 날 무섭게 째려보며 눈을 찌푸렸다. 놀란 나는 전달도 못 해주고 뒷걸음치고 말았다. 순이 엄니가 우리 집에서 일을 한다는 것을 반 친구들에게는 절대 비밀로 해야 한다는 정도는 나도 알고 있었건만. 저러는 까닭을 알 수가 없었다. 하긴 나보다 세 살 위 누나도 이태 전만 하더라도 같이 뒹굴며 놀았는데 작년부터 같이 놀아 주지 않더니, 중학생이 된 금년에는 날 길에서 마주쳐도 모른 체하였다. 좌우간 계집애들이란 우리 외할머니 단골 말씀처럼 변덕은 밥 끓듯 하고 밴댕이 같은 소갈머리는 조석변(朝夕變)이다.

　방과 후 보따리를 들고 힘없이 걸어가는데 왜놈들이 심었다는 고목이 된 벚나무는 내 속도 모르고 머리 위로 벚꽃을 흩뿌려 대었다. 벚꽃이 춤을 추며 날아다니는 하늘을 정신없이 올려다보는데 뒤에서 누가 보따리를 야물딱지게도 채간다. 보따리를 채가서 뒤도 보지 않고 달려가던 순이가 저만큼에서 보기에도 아프게 넘어졌다. 벗겨진 순이 고무신을 챙겨들고 가까이 가 보니 순이 무르팍이 깨져 피가 흐르고 있었다. 많이 아픈지 얼굴을 찡그리며 주저앉아 있는 순이 무릎에 내 손바닥에 침을 묻혀 발라 주려는 순간, 순이가 벌떡 일어서더니 나를 야멸치게 밀어버려 이번에는 내가 엉덩방아를 찧고 넘어졌다. 넘어진 나를 쳐다보지도 않고 혼자 말처럼 "누가 도와주래?" 하더니 종종걸음으로 가 버린다. 엉덩이에 묻은 흙을 털고 저만큼 떨어진 가방을 주워 드는데 왜 눈물이 한두 방울 나오는지 나도 모르겠다.

　그 후로 맹숭맹숭 두어 달이 지나, 봄이 가고 초여름이 되어가던 어느 온 공일 날, 두 엄니들은 쌀 등을 팔러 오일장에 가시고 우리 둘만 집에 남았다. 툇마루에 앉아서 이리저리 둘러보고 주위에 아무도 없는 것을 확인한 순이가, 뒷마당에서 혼자서 구슬놀이를 하고 있는 나에게 놀랍게도 먼저 말을 걸어왔다. "얘, 너는 남자애가 왜 그렇게 달리기를 못하니?" 우리 반에서 남자아이들도 감히 나에게 도전하는 아이들이 없었건만 감히 계집애가? 그런 생각도 잠시, 나도 모르게 나온 대답은 "너 미꾸라지 잡으러

내에 갈래?" 하고 말았다. 내 대답이 의외라는 듯 물끄러미 날 보더니 그 애를 만난 이후로 한 번도 본 적이 없는 미소를 가득 지으며 "너 고기 잘 잡니?" 하며 다정하게 웃는 순이 얼굴에는 볼우물이 깊게도 파였다.

 나는 대답 대신 고개를 끄덕여 주었다. 냇가에 갈 때 필수품인 구제 우유가루가 들었던 빈 깡통을 챙겼다. 그리고 지난번 고기잡이 갔을 때 무척 배고팠던 생각이 나서 주방을 뒤졌건만 마땅히 먹을거리가 없다. 움집에서 키워 비싸고 귀한, 아버지만 드시는 참외 하나를 훔쳐 깡통에 숨기고 노란색 편지 봉투에 설탕을 가득 넣어 입구를 밥풀로 붙여서 주머니에 넣고 집을 나섰다.

 동리에서 삼십여 분 올라가면, 뒷산 산세가 멈추는 곳에 조그마한 저수지가 있어 사시사철 맑은 물이 저수지 물막이를 넘어 내로 흘러들었다. 내로 가는 길가의 아카시아의 꽃은 이미 다 졌고, 이제는 멀리서 피기 시작한 밤꽃에서 야릇한 냄새가 풍겨 온다. 그늘진 곳에 늦게 핀 아카시아 꽃송이를 따서 순이에게 주었다. 받아든 순이가 향을 맡고는 "아!" 하더니 짧게 자른 제 단발머리에 꽂는다. 이제 한 달 여만 지나면 이곳은 아이들이 넘쳐나겠지만, 오늘은 아이들이 한 명도 보이지 않았다. 아마 비가 오려는 듯 날이 잔뜩 흐리기 때문인 것 같다. 물막이에서는 거품을 품어 내며 맑은 물이 넘쳐 내로 흘러들었다. 커다란 미끄럼틀 같은 물너미 바로 밑은 물이 깊어 고기가 없다. 한여름에도 그곳은 중학생 형들의 전용 놀이터였다. 어쩌다 우리 또래가 수영 좀 해 보려고 그곳으로 가면, 형들이 위험하다며 우릴 쫓아냈다. 내 폭이 넓어져 논으로 물을 흘려보내는 수로가 나

있고 부레옥잠, 개구리밥 같은 떠 있는 수초와 물가에는 석창포와 키가 큰 부들이 자라는 곳이 우리들의 무대다.

냇가에 도착하면 먼저 신발과 겉옷을 벗어 넓은 바위 위에 두어야 한다. 혼자라면 빤쓰만 입고 물에 들어가련만, 바지만 벗고 윗도리와 빤스 차림으로 물속으로 들어섰다. 순이는 달리기를 할 때처럼 치마를 걷어 올려 끝단은 잡아 묶었다. 아직은 조금 차가운 물이 수초가 있는 물가까지도 발목을 넘어 거의 무릎까지다. 이러면 한가운데는 우리 배꼽을 넘을 것이다. 물이 깊은 곳에서는 물살에 밀려 넘어지기 십상이다.

"얘 넌 들어오지 마라. 물이 깊다." 냇가 빨래터 넓은 바위 위에 쪼그려 앉아 날 지켜보고 있던 순이가 순순히 고개를 끄덕였다. 물살이 세차게 흐르는 곳의 고기는 잡히지 않는다. 잔 바위와 수초가 어우러져 물살이 한풀 죽어 고인 듯 흐르는 듯하는 곳 잔돌 밑에는 물메기가 있고, 부들 더미 사이 약간의 모래와 진흙이 섞여 있는 곳에는 미꾸라지가 산다. 물속에 모래 더미가 있는 곳에서는 재수가 좋으면 모래무지나 갈겨니 같은, 제법 큰 놈도 잡을 수 있다.

오늘따라 입술이 파래지고 몸이 떨릴 만큼 오래 물속을 뒤지고 다녔어도 잡은 것은 겨우 미꾸라지 한 마리뿐이다. 고기 잡느라 정신이 팔려 순이를 잠시 잊고 있었다.

"얘, 여 좀 봐라, 고동이 많다." 하고 날 불러서야 순이에게 다가갔다. 그새 푸릇푸릇 개구리밥이 떠 있는 순이 고무신 안에는 손톱만 한 참붕어 두어 마리가 헤엄치고 있다. 그러고 보니 물속에 들어오지 말라는 내 말을 잊었는지 잠방이까지 물에 젖은 채 연신 물속을 들여다보며 날 부른다. 한 손에는 다슬기를 잔뜩 쥐고서. 내가 다가서도 나는 보지도 않고 다슬기를 줍던 순이가 "아이고 엄니!" 하는 외마디를 지르며 내 품으로 뛰어드는 바람에 둘이서 껴안은 채 물속에 주저앉고 말았다. 몸서리를 치며 순이가 가리키는 곳에는 제법 긴 드렁허리 한 마리가 우리 곁을 지나 논으로 통하는 수로 사이로 미끄러져 들어간다. 어색한 듯 나를 밀어내며 "너는 뭐 잡았게?" 하며 일어서는 순이 머리카락에서 진즉 떨어져 버린 아카시아 꽃향내가 아직도 짙다.

  차마 미꾸라지 한 마리 잡았다고 말할 수 없어서 바위 위에 놓아둔 깡통을 손으로 가리켰다. '에게게' 할 것이 보지 않고도 뻔 한 일이라 옷을 벗어 놓은 곳으로 돌아서려는데 깡통을 들여다본 순이가 "와! 미꾸라지다" 하며 소리 없는 손 박수를 친다. 진즉부터 배가 고팠다. 참외를 흐르는 물에 씻어 자그마한 돌로 참외를 내리치려는데, "너 왜 그러니?" "나눠 먹으려고" "참, 애는 그러면 허실이 많잖아, 네가 한 입 베먹고 주면 되잖아?" "그럼 네가 먼저 먹어라" "애고, 멍청하긴. 내 입이 그리 크냐?" 제 입이나 내 입이나 거기서 거기건만 또 애먼 지청구를 듣고 말았다. 크게 한 입 베물고 흐르는 물에 씻어 주려는데 "멍청이, 그럼 단물이 다 빠지잖아? 그냥 다오." 조그만 입으로 한 입 배 먹으며 "아! 달다!" 하며 나에게 다시 준다. 돌아가며 한 입씩 참외를 다 먹고 나서야 바지 주머니에 넣어둔 설탕 봉지 생각이 났다. 역시나 벗어둔 바지 주머니 속 봉지가 물에 젖어 흘러나온 설탕이 주머니에 질펀하다. 설탕물이 흐르는 바지를 들고 어찌하나 싶은

데 순이가 바지를 채가며 "진짜 멍청이." 하고는 흐르는 물에 바지 주머니를 뒤집어 빤다. 공부는 내가 훨씬 잘하건만 종일 멍청이 소리만 듣는다.

오전부터 검은 구름이 가득 찼던 하늘에서 빗방울이 후두둑 떨어지기 시작한다. 흐르는 냇물 위로 떨어진 빗방울 두엇이 왕관 모양을 이루며 튀어 오른다. 논물 보러 오신 듯 밀짚모자에 괭이를 들고 징검다리를 건너던 할아버지께서 "애들아 여기는 비 오시면 큰물 내린다. 어여들 집에 가거라" 하신다. 이미 순이나 나나 물에 빠진 생쥐 꼴이다. 순이가 빨아 놓은 바지를 주워 입으며 "우리도 가자" 하는데, 순이가 "어머 내 고무신? 이를 어째, 어째" 하며 어찌할 줄 모른다. 순이 고무신 한 짝이 없어졌다. 한참을 여기저기 둘러봐도 보이질 않는다. 이미 냇물은 징검다리가 찰랑거릴 정도로 불어났다. 그래도 물에서 나오지 않으려는 순이 손목을 꽉 잡아끌어 반 억지로 둑 위로 올라섰다.

비는 내리는데 둑 위에 쪼그려 앉아 이제는 제법 세차게 흐르는 내만 바라보며 도대체 움직이질 않는다. 물가에 오느라 운동화를 벗어두고 집에서만 신는 고무신을 신고 와서 다행이다. 들고 있던 내 고무신을 순이에게 내밀었다. 너는? 하는 눈빛으로 날 바라보는 순이에게 "나는 집에 또 한 켤레 있다."

크기만 조금 크지 똑같아 보이는 내 고무신을 반강제로 순이에게 신겨서 집으로 향했다. 올 때는 둘이서 나란히 걸었건만 순이는 두어 걸음 뒤에서 또 고무신 코만 보고 걸으며 내 곁에 오려 하지 않는다. 빈 깡통을 머리에 뒤집어쓰고, 한 손에는 고무신 한 짝을 들고 두 팔을 나비 날개처럼 흔들며 순이 주위를 빙빙 돌았다. 눈은 고무신코를 보면서도 순이 얼굴에는 볼우물이 만들어진다. 그러다 내가 돌 뿌리에 발이 걸려 넘어질 뻔하였다. 발가락이 아파 찡그린 날 본 순이가, 들고 있던 버선을 내게 내밀었다. 한 번도 신어 본 적 없는 버선을 들고 허둥대는 나에게 다가와 발에 반쯤 끼워 주는데, 순이는 버선에서도 아카시아 향이 난다. 점점 더 굵어지는 비 때문인지 돌아오는 길에는 사람들을 만나지 않아서 다행이다.

집 대문을 열고 들어서는데 옆집 수다쟁이 아줌마가 돼지 멱따는 목소리로 "오매! 저놈들 이제 돌아오네!" 하며 큰 소리를 지른다. 그러고 보니 가겟집 아저씨랑 두어 사람이 더 있다. 방에서 튕겨 나오듯 나선 엄니가 "오매 못살아! 저 오살 놈, 내 속을 다 녹이네." 세차게 비가 내리는데 냇가에 간 우리가 날이 저물어 가도 오지 않자 동네 분들과 찾으러 나설 길이었다. 마투에서 맷돌로 나선 엄니가 순이 버선을 발에 끼고 한 손에 깡통, 또 한 손에는 고무신 한 짝을 들고 빗물이 온몸에서 줄줄 흐르는 내 꼬라지를 보더니 "아이쿠 이 웬수, 고무신 한 짝은 또 뭐냐?" 하시면서 내 등짝을 내리치신다. "엿 바꿔 먹을라고." 하는 내 대답에 날 볼 때부터 이미 얼굴이 밝아진 엄니가 돌아서며 쿡 웃으시고 동네 아저씨들도 껄껄 웃으신다. 살짝 돌아보니 순이 손을 잡고 서 있던, 순이 엄니 얼굴에도 웃음이 가득하다. 스치듯 나와 눈이 마주치며 짓는 순이 볼우물! 언제 보아도 순이 볼우물은 너무 예쁘다.

만남

– 존놈들

 아무도 기다리고 있지 않았다. 방은 텅 비어 있었고 방바닥도 얼음장 같은 냉골이었다. 들고 갔던, 당시로는 귀한 제과점 빵 등 무거운 간식거리 보따리를 사과 궤짝 같은 부엌 흙바닥에 떨어뜨린 채 이 상황을 이해하는 데 약간의 시간이 필요했다. 예상한 바로는 지금쯤 친구놈의 기타 소리에 흥겨운 캐롤이 흘러나오고 있어야 하지 않는가 말이다. 반쯤 열린 쪽문 안으로 스멀스멀 기어들어온 눈송이 들이 십 촉 흐릿한 백열등에 녹아내렸다. 방문 앞 연탄 아궁이 곁에 털썩 주저앉아 녹슨 무쇠 뚜껑을 열었다. 아궁이 속에는 초나라, 한나라 장기 알들이 그을린 채 아직 불 맛도 보지 못한 시커먼 연탄 위에 나뒹굴고 있었다. 그 장기 알 중 하나를 집어 드는데 가슴 한편이 휑하더니 이유 없는 눈물 한 방울이 날리는 눈 위로 떨어졌다.

 고등학교 3학년 성탄절 새벽 2시 고요한 밤, 그날 일들이 50년이 다 된 지금도 이토록 새삼스러운지 모르겠다. 날이면 날마다 붙어 다니면서도 또 뭘 어쩌겠다고 크리스마스이브를 위해 시내와 떨어진 외각 농가 별채에 달 방을 얻었다. 이브 날 오후 모여 날밤을 새며 놀자고 굳게 약속하였다. 그날 내게 주어진 몫이 먹거리를 준비하는 일이었다. 그런다고 친구 댓 놈들, 모두다 여자 친구 한 번 변변히 사귀어 본 적 없는 주변머리니 뭐

별다른 사연이 있을 것도 없을 것이건만, 우리만의 공간을 마련했다는 그 자체만으로 그동안 우리를 옥죄던 모든 것에서 벗어나 자유인이라도 된 기분이었다. 일행 중 한 놈이 시골 출신이라 고향 여자 동창생들과 동반할지도 모른다고 할 때 "에라 이 뻥쟁이야" 하고 야유를 하면서도 모두들 속으로는 혹시 하는 모습들이 역력해 보였다. 수십 년이 흘러 할아비들이 된 지금도 주변머리들은 그 시절과 별 다를 것이 없다. 그러면서도 줄기차게 만나고, 만나면 무슨 할 말은 또 그리 많은지, 석삼년 입 닫고 산 며느리 입 터진 꼴들이다. 다른 친구들 모임은 골프니, 부부 동반 해외여행이니 할 때도 우리는 부부 동반한 기억이 다섯 손가락을 다 못 구부릴 정도이다. 그럼에도 '웬수들 모인다' 하면 각자 집에서는 아예 당일 귀가는 포기하고 전화조차 하지 않으니 이것이 좋은 현상인지, 아니면 마누라들에게 버림받을 짓인지 모르겠다. 원래는 한 친구를 제외하고는 한 술들 하는 실력이었건만 이제는 거의 반주에도 머리를 흔든다. 그러니 다른 사람들이 보면 '저들은 왜 만나나?' 싶을 것이다.

시골에서 서울로 유학을 갔다. 학생들로 차고 넘치던 당시에도 한 학년이 두 반뿐이고 한 반 학생 수가 이십여 명밖에 되지 않는 귀족 사립학교였다. 60년대 중반, 당시에도 촌놈의 서울 입성 대가는 만만치 않았다. 결국 3년을 다 못 채우고 귀향하고 말았다. 날이면 날마다 '촌놈, 촌놈' 하며 놀려대는 서울내기들에게 저항한 대가는, 동일계 고등학교 입학식 날 등에 칼을 맞고 병원에 입원하여 부모님들 애간장을 타게 하는 것으로 막을 내렸다. 서너 달 병원 신세를 지고 귀향하여 보니 고향은 고향대로 전과는 전혀 다른 모습이었다. 두어 달을 홀로 지내고 지내던 어느 날 우연히 시내 제과점에서 초등학교 시절 동네 불알친구를 만났다. 얼마나 반갑던지 다른 친구들과 같이 있던 그를 덥석 안고 그간 소식을 묻고 전했다. 조금 어색해하던 친구와 일행들이 밖으로 먼저 나간 후 얼마 되지 않아 친구의 일행 중 한 명이 날 불러냈다. 따라가 보니 공터에 좀 전 일행들이 날 빙 둘러섰다. 이유인즉 재수 없게 서울말을 쓴다는 것이었다. 정작 동네 불알친구는 어디에도 보이지 않았다. 그들의 요구 조건은 앞으로는 친구를 포함 그 일행들을 보면 존댓말을 쓰고 선배로 대하라는 것과, 촌놈이 서울말을 하였으니 오늘 한 사람당 열대씩을 맞으라는 것이었다. 이런 말도 안 되는 시비라니, 서울에서도 이미 수차 당하지 않았던가. 그들 중 앞장선 상대에게 마침 손에 들고 있던 우산을 거머쥐며 전했다. "좋다 쳐라. 단 너도 오늘 내 손에 죽는다." 잠시 침묵이 흐르는 순간, 멀찍이 떨어져 지켜보던 한 녀석이 다가오더니 손을 내밀었다. "아무개다. 오늘부터 친구하자." 그들 중 리더인 친구였다. 그로부터 50년이 다 된 지금도 이 친구는 매일같이 각 가정의 호구 조사를 한다. 아침은 먹었는지, 왜 오늘 전화 목소리가 갈라졌는지부터 시작해서 자잘한 집안일까지 친구들에 대하여 자신이 모르는 것이 있어서는 안 된다는 투철한 의리(?)로 무장했다. 이 친구는 지금도 맏형 노릇을 도맡아 한다.

이 친구를 부르는 우리 외할머니 호칭은 '눈 퍼런 놈'이었다. "아야 머시기 눈 퍼런 놈이 댕겨 갔다. 니 오면 즈그 집으로 오락 허더라." 눈이 크고 늘 웃으며 말수 적던 친구는 어른 아이 할 것 없이 모두에게 굿맨이었다.

공부는 지나 나나 거기서 거기였지만 글솜씨 하나는 뛰어나서 교내외를 막론하고 백일장 대회만 나가면 대상을 휩쓸어 오는 신통방통한 녀석이었다. 등교 때 우리 집과 가까이 살던 그의 집에 가면 교복을 입고 이불속에서 눈만 내놓고는 그 큰 눈으로 눈웃음을 치며 "조금만 더 있다 가자" 하고 유혹하는 바람에 둘 다 학교 전체에서 독보적인 지각 대장이 되고 말았다. 등교 시간을 삼십여 분이나 지나 학교를 가다 보면 거의 매일 만나던 여학생이 하나 있었다. 목에 흰 손수건인지 붕대인지를 감고 핸드백 같은 책가방을 흔들며 다니던 그 여학생이 흘리던 오묘한 미소 때문에 부러 날마다 지각을 하지 않았나 하는 의심이 들지만, 지금도 극구 부인하는 데다 증거도 없으니 그 진위 여부는 영원한 미궁이다. 이후 영어 교사가 된 친구는 전교조가 막 설립되던 시절 앞장서서 활동하다가 구속까지 당하고 해직이 되었다. 그러고도 계속되는 전교조 활동으로 정신(?)을 못 차리더니 생활고로 하는 수 없이 상경하여 사설학원의 유명 영어 강사로 자리 잡아 돈과 명예(?)를 거머쥘 즈음, 전교조 해직 교사들이 복직되자 가족의 반대를 무릅쓰고 귀향하여 다시 중학교 선생이 되었다. 학원 강사 수입의 오분의 일도 안 되는 교사 봉급을 받고서 '이제야 숨이 쉬어진다'는 영원한 촌놈이다. 우리가 읽으면 감동이 넘치는 글들을 써 놓고도 자기 글을 읽을 독자들에게 미안해서 칠십이 다 된 지금도 자신의 글들을 출판하지 못하는 그런 무명작가다(최근 모 출판사의 권유로 첫 작품집을 출간하였다).

  서너 달의 입원으로 동급생들보다 늦게 등교한 나는 학교생활에 적응하지 못한 채 물 위의 기름처럼 떠돌았다. 사흘 걸러 결석하고 이틀 걸러 조퇴하는 동안 우리 어머니께서 나 대신 부지런히 등교하셨다. 유난히 대인관계에 능하신 우리 모친께서 교장 선생님에서 수위 아저씨에 이르기까지 모두에게 유명인사가 되어 가실 무렵, 한 친구가 도전적인 호출을 하였다. "너 수업 끝나고 좀 보자." 당시 이 멘트(?)는 시비의 첫걸음이었다. 평소 몸도 왜소하고 행동도 모나지 않던 녀석이었기에 의아했지만, 속으로는 부아가 치밀었다. 이 학교로 전학 온 후 나름 주먹 좀 쓴다는 아이들로부터 시작하여 벌써 대여섯 번째 당하는 일이었다.

그날도 일찍 퇴청(?)하려던 계획을 접고 수업이 끝나기를 기다렸다. 길가 가로수로 심어 놓은 어린 은행나무의 마지막 남은 두어 잎마저 힘들게 하는 비가 부슬부슬 내리던 늦가을 어느 날이었다. 몸도 어느 정도 정상으로 되돌아왔고 나보다 덩치도 훨씬 적은 녀석이었기에 혼 좀 내줄 요량이었다. 수업이 끝난 후 녀석이 날 데려간 곳은 생각 밖으로 이제 막 공사가 끝난 신역사 인근의 허름한 주막이었다. 부뚜막 곁에서 꾸벅꾸벅 졸고 있던 초로의 주모가 녀석의 얼굴을 보더니, 말도 없이 막걸리 한 주전자와 생고구마 두어 쪽, 콩나물과 신김치 한 사발을 내어놓고는 다시 자리로 돌아가 입을 쩍쩍 다시며 졸기 시작하였다.

예상했던 것과는 전혀 다른 상황에 어리둥절하고 있는데 제 잔과 내 잔에 막걸리를 가득 따르더니 "한 잔 하자"하며 목젖을 울럭거리며 단숨에 잔을 비웠다. 신김치 한 조각을 입에 넣고는 잔에 또 막걸리를 따르며 날 보지도 않고 말을 이었다. "너는 사람들이 왜 산다고 생각하냐?" "뭐? 뭐라고?" 떠듬거리며 대꾸는 했으나 이미 녀석의 일격에 케이오 패를 당했음이 자명했다. 그로부터 두어 시간, 녀석의 입에서는 신기한 단어들이 난무했다. '니체', '카라마카프의 형제들', '데미안'에서 시작하여 '까뮈'에 이를 때는 난 벌써 녀석이 조금은 존경스럽고 부러워지고 있었다. 그때까지 내가 탐독한 독서의 격은 초등학교 시절 진돗개, 깡통로봇, 라아파이 등의 만화책으로부터 시작하여 비호, 의협지, 군협지 등 무협소설에 이어 '삼국지'를 거쳐 '소나기', '봄봄' 등의 단편소설을 읽으며 가슴이 뛰고 먹먹해질 정도의 수준이었다. 물론 나도 외국 서적을 아주 읽지 않은 것은 아니다. 아가사크리스티, 셜록홈즈, 섹스피어 정도의 이름들은 알고 있었지만, 녀석의 입에서 나오는 것은 내가 알고 있던 그것들보다 훨씬 더 고급스럽고 사치스러웠다.

고3 시절에 학교 문학회 회장으로 인근 여고생들에게 인기를 누렸던 친구는 수의사가 되어 고향에서 가축 전문 수의과 병원을 개원했다. 농민들에게 치료비며 인공 수정 비용 받는 일을 어려워하더니 인근에 후배가 수의병원을 개원하자 운영하던 병원을 때려치우고 직접 젖소를 키우는 목부가 되었다. 이제는 제법 자리를 잡은 목장주가 되었으나 막걸리 마시며 입가를 문지르던 그때 그 모습 그대로 살고 있다. 학창시절 시를 쓰던 이 친구는, 다른 사람 앞에 내놓지 않은 자작시 열 권 분량은 어디에 숨겨 놓고 있을 것이다.

첫눈에도 카리스마가 넘치는 이 친구는 비교적 늦게 친교를 맺었다. '퍼런 눈' 친구와 더불어 전교조 열혈 맨으로 활동하다가 감빵 동기가 된 이후에 서로 똥배가 맞아떨어졌다. 그런데 아무리 생각해도 이 친구는 시대를 잘못 골라 태어난 듯하다. 수백 년 전 태어났더라면 황진이가 서화담 대신 이 친구를 선택했을 것이다. 인물이면 인물, 노래면 노래, 유수 같은 말솜씨에 유머, 게다가 정의감까지 겸비했으니 교사 시절 그 인기는 짐작이 되고도 남는다. 이 친구의 회갑연은 그간 제자들이 총출동되었다. 그중에서도 한때 재직했던 예술학교 제자들이 국악 한마당을 열어주어 부럽기 그지없었다.

서너 해전 친구들 댓 명이서 필리핀 어느 외딴 섬으로 여행을 간 적이 있었다. 돌아오는 길에 우리나라 시골 버스 정류장보다도 훨씬 열악한 공항에서 두어 시간 연착된 비행기를 기다리는데, 공항 관계자는 탑승 수속을 끝내고 밖으로 통하는 문에 쇠사슬 고리로 채우고는 사라져버렸다. 더운 날씨에 에어컨도 없이 선풍기 두어 대 털털거리며 돌아가는데 앉을 곳도 하나 없었다. 모두 왕짜증 중에 문득 여자들의 웃음소리가 높았다. '웬일이지?' 싶어 기웃거려 보니 백 킬로쯤 되는 댓 명의 외국 여성들 사이에 이 친구가 공항 대합실에 하나밖에 없는 귀한 의자에 앉아 있었다. 사연인즉 여자들뿐인 그녀들에게 접근(?)해서 '이 지역은 여자들만 다니면 위험하니 앞으로 자신이 보디가드를 해 주겠다, 그런데 역할을 충실히 하려면 지금 쉬여야 한다'면서 앉아 있던 맏언니를 일으킨 후, 자신이 앉아 그녀들의 귀를 즐겁게 해주고 있었다. 더욱 미스터리한 일은 친구의 영어 회화 실력이 나와 그만저만했으니 이런 경우를 불가사의라 해야 할 것이다.

어느 날 귀국하여 고향에 갔더니 이 화려한 전설의 친구가 이런저런 사연으로 홀로 오피스텔에서 지내고 있었다. 하룻밤을 같이 지낸 다음날 아침, 언제 적 것인지 먹다 둔 김치찌개에 밥 한술 말아먹는 모습이 너무도 애처로워 차마 일어나지 못하고 누워있는데, '자네는 쪼까 더 자소.' 하며 출근하는 뒷모습에 하마터면 눈물이 날 뻔했다. 지금은? 완전히 전성기 시대의 모습을 회복하여 여전히 우리들의 스타로 굳게 자리매김하고 있으니, 이 친구가 빠진 모임은 앙꼬 없는 찐빵이다.

어느 날, 낯선 번호의 벨이 울렸다. 세상이 하 시끄러워 안 받을까 하다가 받아 보니 삼십여 년 동안 연락이 두절된 친구다. 고등학교 이삼 학년 때 짝꿍이었던 친구다. 순간, 만감이 교차하였다. 우리 친구들 중 유일하게 시골에서 초등학교를 졸업하고 우리가 살던 도회지로 유학 온 친구로 붙임성이 좋고 노래 솜씨가 가히, 국민가수 솜씨였다. 다음날 눈물이 글썽거린 모습으로 나타났다. 그간의 미운 정은 어디로 다 날아가고 가슴이 찡한 것이 금세 눈물이 날 것만 같았다. "야! 이 무정한 놈, 안 죽고 살았냐?" 미운 소리로 시작한 그간의 이야기로 서너 시간이 순간에 흘러갔다. 칠십이 다 된 나이에도 오랜 친구와 마주 앉아 있으니 우리 나이는 곧바로 십팔 세(!)가 되었다. 이것이 정이라는 것인지 모르겠다.

이 친구는 우리 중 가장 먼저 사업을 시작해 처음에는 잘 되었으나 두어 번 실패 후 무척 힘들었다. 모두 그만그만한 형편이라 크게 도움이 되지 못하고 지내던 중, 소리소문 없이 우리의 눈에서 사라지고 말았다. 십여 년 후 어찌어찌 연락이 되어 친구들 서너 명이 이 친구가 사는 김포까지 찾아갔으나 별로 반가워하지 않는 것 같았다. 그러다 서서히 우리의 가슴에서 지워져 갈 무렵에 연락이 온 것이다. 사실 우리가 찾아갔던 그 시간,

당시 직업이던 회사 출퇴근 버스 운전 중이었는데 그 말은 차마 하지 못하고 퇴근 시간이 되어가자 안절부절못한 것이었다. '우리가 어떤 사이인데 네 처지를 숨겼더란 말이냐!' 하며 큰소리를 하긴 했지만, 수족 같던 친구들이 찾아와도 약주 한 잔 나누기 힘든 처지를 이해 못 하는 것은 아니었다. 그 후 친구는 완전히 자리를 잡은 것 같았다. 큰 성공까지는 아닐지라도 나름대로 확실한 위치는 확보한 듯하였다. "내가 다시 일어설 수 있었던 것은 첫째 우리 집사람의 사랑과 그리고 떳떳한 모습으로 친구들을 만나고 싶은 마음 때문이었다"는 녀석의 고백에 입으로는 '엠벵할 놈' 하면서도 눈에서는 눈물이 흘렀다. 이십 년 동안 하루 열두 시간 이상을 운전대에 앉은 대가로 지팡이 없으면 걷지 못하는 모습이 녀석이 돌아간 후로도 눈에 밟혀 지워지지 않는다. 허나 자타가 공인하는 현모양처가 곁에 있으니 머지않아 사업처럼 건강도 회복하리라 믿어 의심치 않는다. 이제 새봄이 오면 코로나 없어진 세상에서 여덟 명 모두 모여 오십여 년 세월 반납하고 열여덟 그 시절로 돌아갈 수 있으리라!

우리의 일행 중에는 서너 명의 아우들이 있다. 아우라고 부르긴 해도 그중 두 명은 일 년 차이니 친구나 진배없다. 아우들은 지역사회에서 중견 의료인으로, 언론인으로, 성공한 사업가로 활동하고 있다. 사회적 평가로는 솔직히 우리 친구들보다 더 비중 있는 역할을 하고 있다. 그런데 이 인사들이 일 년에 서너 번 우리를 욕(?)보일 때가 있다. 모두가 워낙 놀기를 좋아하다 보니 일 년에 댓 번 야유회를 나간다. 그런데 정작 현장에 도착하면 밥하는 일부터 시작해서 상차리기, 설거지, 잡다한 심부름까지 일체를 우리는 손도 대지 못하게 도맡아 해버린다. 이걸 본 주위 사람들은 오해를 할 수 밖에! 겨우 일 년 선배가 온갖 궂은일 다 시켜 놓고 커피까지 타다 바치라고 한다며. 어쩌다 한 번 동행한 모임의 비정규직(?) 친구는 점잖게 충고까지 하였다. '사람들 그리 안 봤는데 그러지들 말라고.' 이런 가슴 아픈 고충을 아우들은 알고나 있는지 모르겠다. 설거지하다 말고 커피를 타다 대령하는 사업가 대표이사 아우에게 카리스마 친구가 한마디 한다. "어~따 이것이 커피여, 커피 쥬스여? 뭔 물을 요로코롬 몽땅 넣었단가!"

빡빡 밀어 놓은 까까머리에도 윤기 흐르던 머리통들이었건만 이제 듬성 듬성 빈자리가 늘어 가고, 소주 두 병 주량은 두 잔으로 줄었으며, 매혹적인 목소리에 간혹 쇳소리가 섞이더니, 사람 홀리던 멋진 미소마저 주름이 잡혔다. 이디 그뿐인가 '식후 연초는 불로장생'을 외치던 손들에는 숟가락 놓자마자 하나 같이 약봉지가 들려 있으니, 그렇다! 나는 일 년 부족한 오십 년 전, 크리스마스이브 날, 만남은 헤어짐을 다르게 칭하는 동의어임을 깨우쳤다. 예수님의 탄생과 죽음, 즉 만남과 헤어짐이 다 부활을 예고하는 축복의 동의어 아니던가! 허공을 나는 살처럼 세월이 흐르다 보면 우리 모두에게도 그날이 당도하고야 말겠지만, 그 또한 만남을 예고하는 축복으로 맞이하자. 그대들, 촌놈들아!

아들놈들이란!

　벌써 이십여 일이 다 되도록 아들놈에게서 소식이 없다. 그간 저희 엄마가 가족 단톡방에 "아들 주말에 뭐해?" "날씨 추운데 따뜻하게 옷 입어" 등 절절한 구애(?)의 문자를 두어 번이나 띄웠건만 감감무소식이다. 이제 곧 아내의 표정은 굳어지고 말수가 적어지며 한숨 쉬는 횟수도 늘어날 것이다. 이 시기 자칫 주의하지 않으면 우리 가계 DNA까지 호출해 '그 집안사람들은 참 정이 없는 사람들'로부터 시작하여 사십 년 넘는 결혼생활 중 챙기지 못하고 넘긴 결혼기념일 횟수가 몇 번이며, 금년 들어 내가 홀로 쓰는 방의 전등을 끄지 않고 외출한 숫자까지 나올 것이다. 그런다고 내가 먼저 아들놈에게 국제 전화를 하여 미주알고주알 일러바치고 저희 엄마에게 소식 보내라고 사정(?)하는 것도 한두 번이지, 애비로서 자존심에 관한 문제가 아니더란 말인가. 그러니 주워온 강아지 모양 안주인 눈치 보며 주의할 도리밖에 없다.
　솔직히 시기가 시기인 만큼 나라고 왜 걱정이 되지 않겠는가? 아들놈이 거주하는 중국의 그 도시에서 웬수 놈의 코로난지 뭔지가 극성일 때는 집 밖 출입을 금지시키고 외지인의 출입을 막아 생필품이 동났다는 뉴스가 시간대로 나와서 우리 부부를 전전긍긍하게 하였다. 그러다 좀 잠잠해 지나 싶으니 이제는 아들놈의 무심함이 나를 힘들게 한다. 아직 저희 엄마의 머릿속에는 아들 사는 동네는 마실 물도 부족할 거라는 생각에서 벗어나지 못하고 있음을 모르는 모양이다.

슬슬 아들놈이 괘씸해질 무렵 "아이고! 사돈네 남 말하고 계시네. 이놈아 너는?" 하시는 돌아가신 어머니의 목소리가 들리는 듯하다. 그때가 고1 때던가? 무단가출을 하여 찾아간 곳이 해남 대흥사였다. 뭐, 깨우침을 얻어 세상을 구원하겠다는 그런 큰 뜻이 있어 그랬던 것도 아니고 첫사랑에 실패했다던가 그런 것도 아닌 사춘기의 단순한 치기였던 것 같다. 암튼 내려가는 길에 수행 중인 수도승을 만났다. 보름여 동안 전국 경치 좋은 산사 등 여러 곳을 그의 운수행각에 동참, 이라기보다는 졸졸 따라다녔더니, 그는 대흥사 말사 어느 암자에 자리를 잡아주고 정말 머리를 깎을 것인지 진지하게 고민해 보라며 떠났다(그 후 그분과는 평생 스승으로 연을 나누며 지낸다).

그런데 그런 고민은 커녕 나보다 두어 살 많았던 그 암자의 행자승과 계곡에서 고기 잡고 나무하는 데 따라가서 칡 캐며 보내던 어느 날 해질 무렵이었다. 유난히 목소리 커서 우리가 기차화통이라고 불렀던 주지스님의 독경소리보다 훨씬 더 큰 목소리로 내 이름을 외치는 소리가 들렸다. 깜짝 놀라 밖으로 나가 보니 우리 어머니셨다. 승용차가 거의 전무하던 당시 내가 살던 도시에서 그 암자까지 오는 길은 결코 만만찮은 길이었다. 허름한 시외버스로 비포장도로를 서너 시간 달린 후 다시 읍내에서 마이크로버스라는 소형 버스로 또 한 시간여를 천정에 머리 찧어 가며 달려야 대흥사 정류장에 도착할 수 있었다. 그러고도 험한 산길을 한 시간 이상 올라야만 보이는, 전화는 물론 전기도 들어오지 않은 산중 암자였다.

백지장 같은 얼굴로 말없이 잠시 내 얼굴을 잠시 어루만지신 어머니가 땅바닥에 주저앉으시더니 거의 실신 상태로 "아이구, 아이구, 주님, 성모 마리아님, 부처님 감사합니다!"를 연발하셨다. 갑작스런 소란에 놀란 공양주 보살님 등이 나오셔서 어머니를 방으로 모셔가서 한참을 진정시켰다.

사연인즉 동행했던 수도승, 훗날 나의 스승님께서 내가 다닌 학교로 소식을 전하고, 학교에서는 집으로 내 소식을 전하는 과정에서 우리 어머니께서 오해를 하신 것이었다. 내가 잘못되어 절에 있으니 찾아가라는 뜻으로 받아들인 어머니가 소식을 듣자마자 외출하신 아버지를 기다릴 새도 없이 입으신 댕이 채로 길을 나선 것이었다. 나는 그 와중에도 내 손을 놓지 않으려는 어머니 손을 뿌리치며 외쳤다. '아 울지 마라고요. 창피하게, 글고 여길 왜 와? 내가 알아서 들어갈 텐디.'

서너 시간 후 야밤이 되어서야 지역 경찰관 한 명과 함께 아버지가 손전등을 비추며 암자로 찾아오셨다. 날 본 아버지께서 한마디 말도 없이 손바닥에 침을 두어 번 바르시더니 찰싹 내 뺨을 한 대 때리셨다. "아이고 왜 애기를 때리요. 차라리 나를 때리시오, 나를." 하며 어머니가 우리 사이에 끼어들었다.

오십여 년 전의 아련한 상념에 빠져 있는데 방문이 열리며 "식사하세요" 하는 아내의 목소리가 눈 속에 핀 매화꽃 마냥 화사하다. '뭔 일이야?' 하는 생각으로 식탁에 앉으니 벌써 눈에 들어오는 밥상 그림이 다르다. 점심때만 하더라도 며칠 전부터 똑같은 차가운 반찬 그릇이 통째로 냉장고를 들락거리더니….

"아니 중국이란 나라는 왜 그리 답답하대요? 한 달 가까이 카톡을 막았다지 뭐요! 카톡이 오늘, 내일 열리겠지 하고 기다리던 아들이 오늘은 내 걱정이 되었던지 보이차 보냈다고 전화가 왔네!" 평소 아프다던 무릎마저 좋아졌는지 걸음걸이가 처녀처럼 날렵하다. '그렇게 좋아? 그럼 네가 먼저 전화를 해보지' 하는 소리가 금방 입에서 나오는데 꾹 참으며 미역국 한 숟갈을 입에 무는데, 울 어머니 생각에 눈물 두어 방울이 그렇지 않아도 짠 미역국에 떨어진다.

어(漁)떤 그리움

낚싯대를 담그자마자 예신도 없이 순간에 찌를 삼키고 세 칸 반 낚싯대 두어 마디를 쭉 끌고 간 것은 붕어가 아닌 상당한 크기의 장어였다. 대상어(對象魚)인 붕어가 아니어서 조금 서운하긴 했지만 나름 손맛도 있을뿐더러 워낙 귀한 장어이니 이만도 어디인가! 서둘러 미끼를 정비해서 같은 자리에 투척을 하고 물 묻은 손을 닦는데, '어' 하던 친구 林이 들어 올리는 낚싯대에 삼십은 넘어 보이는 메기가 공중그네를 타고 날아 온다.

아직 낚싯대를 물에 넣지도 못하고 채비 준비로 끙끙대던 낚시 초보 후배 崔도 후끈 달아오르는지 서둘러 낚싯대를 휘둘러보건만 이번에는 뒤에 있는 나뭇가지를 걸어놓고 망연자실이다. 그의 낚싯바늘을 정비해서 미끼까지 끼워 주고 있는데, 내 찌에 붙여 놓은 야광 테이프가 가물가물하더니 쭉 기세 좋게 솟아오른다.

벌써 이삼일 째, 기가 막힌 포인트를 발견했다며 출조(出釣)를 채근하는 林이 말한 곳은 이백만 시민의 젖줄인 D댐이었다. 말할 것도 없이 낚시가 엄격하게 금지된 식수원으로 사용되는 청정수원지이다. 그래도 나름 김공(金公)으로 불러주며 조선(釣仙)까지는 아닐지언정 품위를 중요시하는 조사로 대접을 받고 있는데, 어찌 꾼들이 가장 금기시하는 위법을 자초할 것인가. 친구는 이제 낚시에 입문한 지 일 년여, 막 간이 들어 그렇다 할지라도 말이다. 그와는 초등학교 시절부터 벌써 이십 년 다 된 친구이긴 하지만 그의 낚시 사부로서 쉽게 용납할 수 있는 일이 아니다. 그런데…….

어느 날, 그곳으로 낚시를 다녀온 꾼에게 林이 얻어 들고 온 준척 붕어 두어 마리를 보고는 그만 나의 알량한 자존은 이미 늦가을 바람에 휘청거리는 갈대처럼 흔들리고 있었다. 생각해 보라, 황금빛 누런 때깔에 여직까지 맑은 두 눈을 뜨고 아가미를 깔딱거리며 유혹하는 그 요염한 자태를 보고 정신을 놓지 않을 꾼이 어디 있으랴. 그나마도 하루저녁 서너 시간 동안 잡은 이십여 수 중 가장 작은 것들이라는 결정타에 그만 생각지도 않았던 답을 하고 말았다.

"거그 붕어가 힘이 그라고 좋담서?"
"암만! 감잎만 되야도 피아노 줄을 띵 띵, 팅긴다더만!"

그래도 사부 체면에 그냥 '가자' 할 수는 없다. 두어 가지 조건을 걸었다. 낚싯대는 각사 한 대로 제한한다. 미끼는 수질 오염이 없는 지렁이만 사용한다. 밑밥은 일절 사용하지 않는다. 시답잖은 자족에 불과한 조건으로 양심을 가리고 야밤에 차를 몰아 사부와 제자들은 밤 고양이처럼 소리 없이 포인트에 잠입하였다. 낚시를 하다 단속반에게 적발되면 낚시도구 일체를 몰수당하는 것은 물론이요 재수 없으면 범칙금까지 물어야 한다. 그러나 그것이 문제이랴, 소문이라도 날라치면 여태껏 지켜 왔던 조사의 알량한 체면은 또 어찌할 것인가? 그럼에도 이미 이런저런 걱정은 어디로 다 날려 버린 우리는 오직 어여쁜 붕어 아가씨들을 조우한다는 들뜬 마음으로 콧노래까지 부르며 밤길을 떠나고 있었다.

밤 아홉 시에서 열시 사이 포인트 지역을 순찰하는 경비선의 정보까지 숙지한 후였으니 은밀하고 조심스럽게 어둠 속에서 낚싯대를 차린 시각은 열한 시가 넘은 후였다. 하늘 높은 줄 모르고 솟아오른 찌가 옆으로 살짝 누운듯하더니 스멀스멀 빨려 들어간다. 순간, 연애 시절 처음으로 살며시 마누라의 손을 잡던 딱 그 폼으로 낚시대에 가볍게 올려진 손가락이 낚싯대를 본능적으로 재빠르게 채 당긴다. 동시에 저 멀리 물에 잠긴 낚싯바늘의 미늘에서부터 전해져 오는 그 오묘한 감각에 뇌에서는 도파민인지 뭔지 하는 물질이 폭포처럼 온몸을 강타한다. 직감적으로 오는 감, 아! 이건 확실한 월척이다!

　어렵사리 들려진 낚싯대는 활처럼 휘어지고 2호 가는 낚싯줄이 갈지자로 오가며 피아노 소리를 낸다. 이 순간만은 주위의 모든 사물의 존재는 그대로 정지되고 오직 보이지 않은 저 물속 생물과의 교감만이 존재할 뿐이다. 진정한 꾼은 서둘지 않는다. 그리고 뜰망 같은 저속한 도구의 사용을 경멸시한다. 겨우 얼굴 일부만을 보여 주며 마지막으로 저항하는 그녀를 달래고 진정시켜 어렵사리 물가로 유혹하는 데 성공했다. 이제 마지막 수순이다. 수건으로 그녀의 얼굴을 덮어 새로운 세상으로 나오는 공포를 잠시나마 잊게 해주어야 한다.

　역시나! 세상에! 삼십을 훨씬 넘는 대물이다. 긴 입맞춤을 해 주고 커다란 살림망에 안전하게 모시고 나니 표현하기 그렇지만 깊고 진한 사랑을 나누고 난 후의 그런 달콤한 피곤함이 밀려온다. 이럴 때는 담배 한 대가 제격이다. 깊게 한 모금을 빨아 온몸을 순환시킨 후 달콤한 어찔함과 함께 긴 숨을 내뿜는데, 이 순간과는 전혀 어울리지 않는 소리가 들려온다. 소리가 아니라 '아이쿠' 하는 거의 단발마의 비명이다. 깜짝 놀라 돌아보니 초보 후배의 낚싯대는 물가가 아닌 뒤 산 쪽을 향하여 고추 휘어져 있고, 그 낚싯대의 흔들림에 따라 친구 林의 몸이 따라다니며 비명을 지르고 있다. 불법 낚시 적발에 대한 위험함도 잊고 밝은 손전등을 켜서 비춰보았다. 이 상황이 비상사태인 것만큼은 확실한데 터져 나오는 웃음을 참을 수가 없다. 초보 후배가 휘두른 낚싯바늘이 친구의 눈꺼풀에 걸려, 잡으라는 붕어가 아닌 인어를 잡은 것이다.

이놈의 낚싯바늘이라는 것이 앞에는 날카롭게 벌어진 미늘이 있고 뒤에는 낚싯줄을 묶는 매듭이 있어 한 번 끼면 뺄 방법은 둘 뿐이다. 걸린 부위를 찢든지 아니면 낚싯바늘을 토막 내어 빼는 방법뿐이다. 그런데 하필이면 눈이니 만일 눈동자까지 함께 꿰였다면 이건 심각한 상항이 될 수도 있다. 낚싯줄을 자르고 정신없이 서둘러서 차로 돌아와 병원을 향하여 내달렸다. 두 손으로 눈을 감싸고 '아이쿠, 아이쿠' 하는 연이은 비명에 걱정이 되어 '어이 손 좀 치워봐' 하고 들여다보는 순간, 나도 모르게 '쿡' 하고 상황과는 전혀 어울리지 않는 웃음이 앞선다. 한 뼘 크기의 낚싯줄이 달린 낚싯바늘을 눈 위에 끼워 달고, 낚싯대의 흔들림에 따라 끌려다니며 비명을 지르고 있는 당대의 장외 스타, 세상의 여성 절반은 자기를 흠모한다고 믿고 사는 이 사나이의 신음에 웃음이 터져 나오지 않을 수가 없다.

비포장도로를 벗어나 차도로 들어선 차는 꼭두새벽 적막강산의 지방 도로를 비호같이 내달린다. 후일담이지만 운전대를 잡은 후배는 내 웃음소리를 비명으로 듣고 '이거 큰일 났구나' 싶어 정신이 하나도 없었단다. 이윽고 대학병원 응급실 앞에 차를 세우고 친구를 부축하고 안으로 들어섰다. 시간이 그래서 그런지 평소 도떼기시장 같은 응급실이 조용하기만 하다. 간호 선생 서너 명이 데스크 주위에 둘러서 있다가 급히 들어서는 우릴 맞는다. "왜 오셨어요?" 하며 묻는다. 이건 웬 생뚱맞은 소린가 싶어 林을 돌아보니, 아니 이럴 수가? 방금까지 곧 죽어가는 사람처럼 신음을 지르던 그 모습은 간데없고 그윽한 눈으로 간호 선생들을 보며 마초의 미소를 짓고 있다.

생각해 보라! 낚싯줄 휘날리는 낚싯바늘을 눈 위에 걸고 뒷짐을 진 채 야릇한 미소를 짓고 있는 사내의 모습을! 그제야 스타의 눈에 걸린 낚싯바늘을 알아챈 세 분의 간호 선생들 모두, 동시에 '푸'하고 고개를 숙인다. 그들 중 한 선생은 도저히 못 참겠는지 몸을 돌리고 배를 잡고 주저앉는다. 잠시 후 잠이 덜 깬 모습으로 하품을 하며 내려온 의사 역시 순간에 잠이 다 달아나는지 "크크크, 죄송합니다, 크크." 처치하는 내내 죄송하다는 말과 웃음을 연발한다. 그래, 실컷 웃어라. 터져 나오는 웃음을 어쩌랴.

결과는 다행스럽게 친구의 미소가 예고한 것처럼 눈동자는 전혀 무관하게 기술적으로(?) 눈꺼풀만을 낚싯바늘이 꿰뚫은 것이었다. 눈가리개도 없이 간단한 처치 후 주사 한 대와 연고만 발라주며 다 되었다는 의사의 처방에 林이 '벌써 끝났냐?'는 듯이 서운한 표정으로 묻는다.

"내일 몇 시에 올까요?"

"특별한 사항 없으면 병원 안 오셔도 됩니다. 걱정되시면 동네 안과 한 번 들려보시고요."

　의사의 처방을 귓등으로만 듣는, 오로지 신사의 품격을 유지하기 위한 친구의 미소가 애처롭다. 모두가 안도의 숨을 내쉬며 차에 오르려는데 林이 언제 '나 죽는다'고 신음하던 환자이었나 싶게, 한 말씀 하신다.

　"어이 사부 살림망 잘 챙겼제? 고넘들 푹 끓여서 우리 해장 한 잔 해야제?"

　초보 낚시꾼 덕분에 생명을 부지한 장어, 메기와 더불어 유혹적인 꼬리를 흔들며 떠나가는 내 님의 모습이 아삼삼하다. 한 시절이 흘렀다. 이제는 그 한량 친구도, 당시 우리의 가슴을 설레게 했던 붕어 아가씨도 그립고 그리울 뿐이다. 오늘도 저 멀리서부터 어둠을 걷으며 초롱초롱한 붕어의 눈빛 같은 하늘이 열리어 온다.

손녀 딸 쥬디

쥬디가 두어 달 만에 제 집이 있는 상해로 돌아갔다.

다섯 살 된 외손녀 호적 이름은 김민정, 태명은 호야, 성당 본명은 마엘, 이렇게 이름이 세트로 있는데도 제 이모가 얼마 전 새로 지어준 또 하나의 이름이 쥬디 다. 이 이름을 부르는 그대로 들어서 안 되고 한 발 더 들어가 봐야 할 이유가 있다. 다름 아닌 '주둥이'를 조금 듣기 좋게 각색한 이름이기 때문이다. 이제 만 4세의 애에게 거 무슨 희한한 이름이냐고, 행여 친조부님들 아시면 경칠 일인지는 모르지만, 누구라도 쥬디와 단 오 분만 함께 하면 다른 이름 다 두고 '쥬디'로 부를 수밖에 없게 될 것이다. 일찍부터 이 아이의 말솜씨(?)는 남달랐다. 만 2세가 넘을 무렵 외할매가 애를 데리고 놀아주면서 할머니들의 뻔한 질문을 하였다.

"호야는 아빠가 좋아? 엄마가 좋아?"

이리저리 눈을 굴리던 아이가 하는 대답이 "호야가 좋아!"하는 것이 아닌가! 애가 잘못 들었나 싶어 내가 다시 질문을 해 보았다.

"호야는 외할머니가 좋아? 외할아버지가 좋아?"

질문이 채 끝나기도 전에

"호야는 엄마가 좋다니까요."

이처럼 묻는 이들을 무참스럽게 대답하던 아이가 두 살을 더 먹은 금년

봄, 제 아빠 직장을 따라 온 가족이 중국 상하이로 이사를 왔다. 제 아빠의 직장이 있는 상해의 덥고 습한 여름을 피해 엄마와 함께 여름철 두어 달 내가 사는 곳으로 피서를 왔다. 그사이 여동생이 태어나 이 년 차 언니가 되었다. 엄마를 동생에게 양보하고 제 엄마 주위를 맴돌며 사랑받으러 쫑알거리는 모습이 때로는 애처로워 보였다.

"호야야, 네 동생 비야 남 줘 버릴까?" 하고 위로(?)차 물었더니,

"안 돼요. 제 동생인데요? 제가 돌봐 줘야 돼요. 그치 엄마?" 하고 칭찬받으려는 듯 제 엄마를 쳐다본다. 십여 분 후, 동생에게 인형을 양보하지 않는다고 엄마에게 야단을 맞더니 나에게 와서 내 귀에 대고 무슨 말을 속삭이는데 잘 들리지 않는다. 다시 물었더니 두리번거리며 주위를 확인한 후 진지한 눈빛으로 묻는다.

"외하부지, 비야 누구 줄 거에요?"

"누구 주지 말고 우리 저 밖에 있는 큰 쓰레기통에 버리자" 하며 질문과 답을 동시에 쫑얼거린다.

며칠 전 은퇴하신 노 사제께서 방문을 하셨다. 서너 시간 졸졸 따라다니며 지켜보던 쥬디.

"신부님, 신부님은 왜 할머니 안 데리고 왔어요? 할머니가 말 안 들었어요?" 하며 눈을 똘망거린다. 신부님께서 무슨 말인가? 싶어 "뭐라고?" 하고 되묻자, 그것도 모르냐는 듯 야무지게 되묻는다.

"아니, 아빠하고 엄마, 외하부지와 하고 외할무니, 이렇게!"

그때서야 말뜻을 이해하신 신부님께서,

"으~응, 신부님은 장가를 못 가서 할머니가 없어요."

그러자 제가 뭔가를 안다는 듯 '아~' 하고 응답을 해서 좌중에 웃음을 선물하였다.

그때부터 신부님 뒤를 껌딱지같이 붙어다니며 별걸 다 관심 가지며 쫑알거리자, 모처럼 쉬러 오신 분께 누가 될까 싶어 제 엄마가 주의를 주었다.

"호야야, 신부님 쉬시게 넌 이제 그만 쫑알거리고 이리와 엄마하고 놀자."

그러자 신부님께서 "마엘이하고 놀만 하네. 보통 똑똑한 아이가 아니야." 하고 머리를 쓰다듬어 주시자 정말 똑, 부러지는 소리로 항의를 한다.

"나 노는 거 아닌데, 신부님 불쌍해서 장가 가 줄라고 그러는 건데!"

이로부터 제 호칭을 '쥬디'로 통일시키는 쾌거를 스스로 이루게 되었다.

어느 날, 이런 쥬디가 두 눈에 눈물을 글썽거리며 날 찾아왔다. 좀처럼 없던 일이라 놀라서, "어디 아프니? 우리 쥬디?"하며 안아 주자 고개를 살래살래 저으며 더 슬픈 표정을 짓는다.

"하부지 이제 나 쥬디 안 할래."

"왜?"

"건우 아재가 내가 쥬디라서 싫대"

군 제대 후 중국어 연수를 온 삼촌뻘 연수생 건우가 평소 쥬디의 친구가 돼서 잘 놀아주었다. 쥬디가 아재라고 부르던 건우는 제 엄마나 주위 어른들이 힘들어서 응해 주지 않던 뜀뛰기, 비행기 놀이도 마다치 않고 함께

해 주어서 절친(?)이 되었다. 그런데 그날은 뭔가가 쥬디 마음에 들지 않았던 모양이었다. 함께 뛰어놀던 쥬디가 쫑알거리다가 제 얼굴을 삼촌 엉덩이에 부딪쳐 엉덩방아를 찧었는데 그 모습이 얼마나 우습던지 주위에 있던 언니 오빠들이 '와~' 하고 웃었던 모양이다. 그러자 넘어져 울던 울음을 딱 그치고 정색을 하더니, "웃지 마, 웃지 마, 아재! 이게 지금 그렇게 크게 웃을 일이야?" 하더란다. 그 모습이 너무 귀여워 아재가 "아이고 우리 쥬디가 쥬디를 부딪쳐서 어쩌누? 쥬디 많이 아프나?"하고 놀리자 삐져서 날 찾아온 것이었다.

 며칠 전 저녁에는 귀가해 보니 나 없는 사이 내 온 방을 뒤집어 놓고 그것도 모자라서 제 동생과 더불어 피카소 풍의 추상화로 온 벽을 장식해 놓았다. 이럴 때는 제 엄마 들으면 서운할지는 몰라도 가는 뒤꼭지가 더 예쁠 것도 같았다. 모처럼 크게 혼이 나고 서럽게 울던 아이가 조금 일찍 잠이 들었다. 손가락을 입에 물고 잠든 아이들의 저 모습이 바로 천사의 얼굴일 것이다. 늘 제 편만 들어주던 할아버지까지 나무람을 주었으니 꿈속에서도 서러웠던지 '으흐흑' 하고 울음을 들어 마신다. 세상 모든 성현의 말씀에는 아이들이 등장한다. '너희가 회개하여 저 아이들처럼 되지 못하면 결코 하늘나라에 들어가지 못한다.' 엄마는 엄마대로 좋고, 아빠는 아빠대로, 다 좋은 것을 굳이 누가 더 좋은지를 확인하려고 하는 어른들의 못남을 어찌 회개하여야 하지 않겠는가!

 추석을 쇠고 나니 언제 그토록 더웠나 싶을 정도로 날씨가 선선해졌다. 제 아빠가 아이들을 데리러 왔다. 한 달 만에 만난 아빠를 보니 두 아이들이 펄쩍 뛰며 좋아 어쩔 줄 모른다. 매일 저녁 샤워를 끝낸 후 내 방으로 찾아와 저의 하루 일과를 자작 스토리까지 넣어 보고하던 쥬디가 제 아빠가 오자 발걸음을 딱 끊었다. 모두 함께 하는 외식 자리에서,

"쥬디는 외할아버지가 세상에서 제일 좋다고 했지?" 하고 다시 어른의 무지를 드러냈다. 조금은 난감한 표정으로 제 아빠와 주위를 둘러보더니,

"응, 호야(쥬디 태명)는 하부지도 제일 좋고, 아빠도 제일 좋고, 외하무니도 제일 좋고, 아추니(삼촌)도 제일 좋고…."

 제가 아는 사람 이름을 다 대며 모두가 제일 좋단다. 또 한 번 쥬디에게 케이오패를 당하는 순간이었다. 이러던 아이가 제 아빠를 따라 손을 흔들고 손 뽀뽀를 날리며 떠나갔다. 하필이면 긴 연휴로 여행 왔던 손님들도 동행한 집사람도 같은 날 귀국했다. 온 집이 적막강산이다. 금방이라도 방문이 열리고 '외하부지!' 하고 짱구 머리를 들이밀며 나타날 것만 같다. 현관부터 집안 불이란 불은 다 켜 봐도 아이들 빈자리가 너무 넓다. 밖으로 나가 보니 쥬디 얼굴 같은 중추절, 팔월 열엿새 보름달이 "외하부지!" 하며 방실 웃는다.

더위 때문에

 추석과 추분을 넘기고도 가히 살인적이라 할 만한 더위가 좀처럼 기세를 누그러트리지 않았다. 워낙 기승을 부린 올여름 위세에 가을이 오긴 올라나 싶을 정도였다. 그래도 시간이 흘러 시월에 들어서니 제법 선선해진 날씨에 사람들은 "올여름 살아남은 것이 용하다"며 서로를 위로하였다.
 그런 날들이 사나흘이나 지났을까 싶은데 그새 아침저녁으로 오싹한 기운이 들더니 아니나 다를까 오늘 아침, 두어 번의 재채기 끝에 콧물이 흐르기 시작한다. 감기의 신호탄이다. 가을은 시작하자마자 납치되어 버린 듯 사라지고 반갑잖은 겨울 손님이 재빠르게 찾아든 것이다. 세속되는 으슬으슬한 한기에도 아내에게 내복 찾아달라는 말은 차마 못 하고 주방에 있는 이내 몰래 옷장을 이리 저리 뒤져봐도 쉬이 보이지 않는다.
 며칠 전 이른 아침이었다. 그날따라 꼭두새벽에 잠에서 깨어 거실에서 신문을 보고 있는데 방문을 열고 나오는 아내의 모습이 영 낯설었다. 다시 보아도 저건 아니다 싶었다. "거 뭐야? 무슨 옷이 그 모양이야?" "으응? 응!" 하는 둥 마는 둥 대답을 흘리고는 물을 마신 후, 그냥 방으로 들어가려는 것을 큰 소리로 불러 세웠다. 그런데도 "아직 나 더 자야 해"하며 그제는 표정까지 구겨졌다. 그 모습에 못된 또 다른 나, '버럭 선생'이 튀어나왔다. "뭐야 이 여자가 이제 아주 내 말도 막 먹는 거야, 응? 사람 말이 사람 말처럼 안 들려? 거 뭐야, 입고 있는 것이 옷이야 부대자루야?" 하고 소리 질렀다. 그래도 여기까지는 남자요 가장이라는 명분하에 아내가 들어줄만 했을 것이다. 그 정도 하고 그만두었더라면 좋았을 것을 시절 모르고 그만 한 발짝 더 나가버리고 말았다. "나이 먹어서 몸매가 안 되면 옷이라도 가려 입을 줄 알아야지 말이야." 내가 해 놓고도 순간 아차 싶었다. 다른 사람들, 특히 가족들이 경계의 여유를 가질 새도 없이 일순간에 화를 내는 나에게 시집간 우리 막내딸이 지어준 별호가 '버럭 선생'이었다. 내가 생각해도 변명의 여지가 없는 별명이다.

내복 하면 생각나는 일이 하나 더 있다. 구십 년 초 중국 개방 직후 어느 가을날, 산둥성 칭따오시에서 하얼빈으로 출장을 가게 되었다. 지인인 박 부장이 홑 양복차림인 나에게 동북지방은 지금부터 춥다며 내복을 사 입으라고 권했다. "시월 달에 내복은 무슨 내복이야", "어이구! 사장님 거기 추위는 예와는 영 달라요. 내복 한 벌 사 입으시라요." "에헤 이 젊은 사람이 말이야. 나는 정월달에도 내복은 안 입는다구! 요즘 젊은이들은 약해 빠져서 큰일이야, 큰일! 시월 달에 내복은 무슨!" 당시 사십 대 초반인 나이임에도 마치 인생을 다 살아본 노인네처럼 확신하는 큰소리에 기가 질렸는지 박 부장은 더이상 권하지 않았다.

비행기 내에서는 후끈한 난방에 땀까지 흘렸다. '추운지방 사는 사람들이 추위를 더 못 견딘다더라'고 아는 체까지 해 가며 윗도리를 벗어들고 셔츠 바람으로 비행기에서 내렸다. 당시만 하더라도 우리나라 시골 버스 정류장 같은 하얼빈 공항청사를 나서니 발에 밟히는 감촉이 이상했다. 다시 보니 내린 진눈깨비가 얼어붙어 빙판이다. 아니, 시월달에 눈이라니? 예감이 별로다. 호텔로 가기 위해 길게 늘어선 인파들 틈, 택시 승강장에서 견디었던 그날 이십여 분의 시간을 내 어찌 죽는 순간 까지 잊을 수 있으랴! 날은 진즉 어두워졌고, 멀리 청사에서 비추는 백열등 빛에 보일듯 말듯 눈발을 휘날리며 불어오는 북풍은, 그 윙윙대던 바람소리는 추위를 넘어서는 공포! 그 자체였다. 조금 전까지 했던 큰소리를 체면으로 견디는 시간은 불과 오 분을 넘어서지 못했다. 발을 동동거리다가, 두 손으로 전신을 비벼대는 일도 잠시, 시간이 지남에 따라 한 겹 한 겹 온몸이 접혀져 갔다. 무릎은 반쯤 굽혀지고 고개는 자라처럼 몸통으로 파고들었다. 두 손을 겨드랑이에 구겨 넣은 채 잔뜩 움츠르든 어깨, 덜덜 떨리던 턱, 아, 지금 생각해도 초라했을 내 모습에 얼굴이 절로 붉혀진다. 기왕 내친 김에 하나 더 고백을 하자.

하얼빈 출장이 끝나고 귀국 후 피부과를 다니며 귀중한 곳의 치료를 받아야만 했다. 유난히 땀 체질인 나는 과한 비행기 난방으로 옷이 젖을 정도로 땀을 흘린데 더해 기내 화장실에서 난기류 때문에 젖은 속옷으로 인하여 동상을 입은 것이었다. 다행히 두어 번 치료로 좋아졌지만 하마트면 큰일낼 뻔했었다. 창피한 회상은 뒤 두고 현실로 돌아가자.

순간 멍한 표정을 짓던 아내의 얼굴이 점점 굳어져 갔다. 그러더니 눈썹을 약간 치켜뜨며 이로 입술을 지그시 씹으며 짓는 미소, 미소? 으아! 그 미소! 사십여 년 전 그녀의 처녀 시절, 지금 짓는 그 미소의 대가로 나는 그녀 앞에서 한 달여 동안을 얼마나 비굴한 모습으로 지내야 했으며, 결혼 후 남산만한 배를 안고 배가 조금 아프다는 아내에게 '그럼 화장실에 가보라'고 점잖게(?) 충고를 해 주고 밤낚시를 떠난 다음날 새벽에 아내는 홀로 떡두꺼비 같은 아들을 출산했다. 아침 일찍 낚시터까지 찾아온 처남을 따라 들어선 산부인과 회복실에서 마주쳤던 그 미소……. 위급한 순간이 되면 불과 몇 초 만에 지난 한 생이 읽힌 다더니 거짓말이 아니었다. 아내는 거짓말처럼 차분한 모습으로 팔을 들어 윗도리를 벗어 맨몸 상체를 드러냈고 이어 하의마저 탈의를 하였다. 그리고는 입었던 옷을 둘 둘 말아 쥐더니 박찬호 아니, 왕년의 선동열이 투구 폼으로 내 얼굴을 향하여 강속구를 날렸다. 은행 강도복면처럼 내 머리와 얼굴을 휘감은 옷은 아들 녀석이 장교로 근무하면서 입었던 투엑스 사이즈의 군대 내복이었다. 달랑 속옷 한 장만 걸치고 유유하게 허리까지 흔들며 걸어서 제 방으로 향하는 아내의 뒷모습을 물끄러미 바라보며 웃어야 할지 울어야 할지 앞으로의 상황이 막막하기만 하였다.

어디다 두었는지 보이지 않는 내복을 포기하고 돌아서 나오려는데 아내의 침대 한 쪽에 문제의 내복이 어제 그 모양 그대로 놓여 있어 들고 나왔다. 내 방으로 들어와 문을 잠그고 입어 보았다. 이렇게 편하고 따뜻할 수 없다. 다 그놈의 더위 탓이다. 내가 꼭두새벽부터 아내에게 독설로 심술을 부렸던 것도 돌이켜 생각해 보니, 도를 넘은 올여름 날씨가 원인이었다. 하루걸러 지속되는 열대야 때문에 에어컨 바람을 극히 싫어하는 아내와 에어컨 없이는 잠을 자지 못하는 나는 두어 번의 실랑이를 하였다. 아내가

'그럼 각 방을 쓰자'고 재안하여 내가 서재로 사용하던 쪽방으로 쫓겨(?)난 후, 여름은 다 지났건만 다시 방을 합할 기회를 놓쳐 버리고 말았다. 혼자서 자던 처음 며칠은 그리도 편하더니 하루하루 날이 지날수록 아내의 포근한 품과 익숙한 살 내음 속에서 잠들던 시절이 이리 그리워지는데 그마저 일을 저지르고 말았으니 이 일을 어찌하면 좋단 말인가?

아우

내가 어린 시절을 보내던 1950년대 전후에서 1960년대 후반까지는 집집마다 형제자매들의 수가 적으면 오히려 특이할 정도였다. 우리 집도 예외는 아니어서 부모님께서는 슬하에 4남 4녀 팔 남매를 두셨다. 당시 아버님이 칠대 독자로 대략 이백여 년을 독자로 이어온 집안이었는데, 아버님 대에 8남매 중에 아들만도 넷이나 낳은 우리 어머니는 그 이유 하나만으로도 집안에서 아주 귀한 대접을 받으셨다.

부모님의 다섯 번째 자식으로 태어난 나는, 손 위로 형 한 명과 누나들 셋, 손 아래로는 여동생 한 명과 남동생 둘이 있다. 첫아들을 출산하시고는 내리 딸만 셋을 낳았으니 우리 형 역시도 아버지에 이어 팔대 독자가 될 뻔했는데, 다행히 몇 년 뒤 아들인 내가, 그다음은 딸, 아들, 아들 이런 순으로 형제자매가 더 태어났다. 지금부터 팔 남매 중에 일곱 번째인 내 아우 이야기를 하고자 한다.

당시 여섯 살이던 나는 내 아우가 태어나던 순간을 똑똑히 기억한다. 대단한 난산 이었다. 꽤 오랜 시간 진땀을 흘리던 산파가 머리를 흔들고 물러난 후 급히 왕진을 온 의사가 산모와 태아 중 하나만 선택하라는 선고를 할 정도였지만, 어머니는 끝까지 태아를 포기하지 않으셨다고 한다. 요즘

처럼 제왕절개 시술은 생각도 못 하던 시절이 아니던가! 암튼 길쭉한 의료용 집게로 머리를 꽉 집혀 네모꼴 머리로 세상에 나온 아우는 세상의 빛을 보고도 한참 후에야 울음을 터트려서 지켜보던 모두의 애를 태웠다.

 난산 끝에 힘들게 이 세상에 태어났지만, 아우는 방긋방긋 웃는 미소가 너무 귀엽고 예뻐서 주변의 시선을 한 몸에 받았다. 그러나 잘 자라는가 싶다가도 일 년에 두어 번씩 온몸이 새파랗게 되도록 숨을 쉬지 못하고 경기를 일으켰다. 이른 새벽 어머니가 맨발로 뛰어가 병원 문을 두드리는 초비상사태를 맞기도 했다. 초등학교에 입학하면서부터는 건강에 이상이 없이 공부도 전교 일이 등에 착하기까지 하여 선행상에, 특기상에, 상이란 상은 모두 제 것인 듯 받아왔다. 성격까지 밝아서 아우가 함께하는 곳에는 늘 웃음이 넘쳤다.

 더욱이 내 아우는 어릴 적부터 지금까지 형인 나의 청이라면 지상명령인 듯 거절하는 법이 없었다. 나 역시 그런 아우를 어찌 미워할 수 있으리오. 한 번은 이런 일도 있었다. 내가 고등학교 졸업하던 그 시절에는 대학 진학을 위해서 예비고사라는 제도가 있었다. 그 시험에 떨어지면 아예 대학 응시 자체가 불가능한 제도였다. 그토록 중요한 예비고사 전날 내가 초등학생이던 아우를 부르더니 만화방에 가서 무협지 한 질을 빌려 오라고 했단다. 형의 부탁인 심부름을 거절하지 못하고 다녀오면서 '아~ 이제 우리 형은 예비고사도 떨어져 대학도 못 가겠구나!' 하고 울면서 자전거를 타다가 넘어져서 무릎이 깨졌단다. "나는 그런 기억이 없다"라고 했더니 '그 무협지 제목이 군협지'라고 오래된 기억을 되새기며 시험 전날 시험을 볼

당사자는 무협지 삼매경으로 날을 세우고 어린 동생은 형 걱정으로 날을 새웠다며 웃는다.

사람의 운명은 늘 예상 밖이다. 당시 아우의 성적으로는 일류 중고등학교는 따놓은 당상이었다. 그런데 당시 교육정책의 변화로 아우는 무시험 진학의 첫 번째 대상이 되었다. 다행히 좋은 중학교에 들어가 학생회장까지 하며 우등생으로 졸업을 했는데, 속칭 뺑뺑이로 당첨된 고등학교는 아직 학교 건물도 채 완비되지 못한 신설 사립학교였다. 거기서 반 학기 정도를 공부하다 보니 서울의 일류 대학을 가기에는 무리가 있겠다 싶어 가족들의 상의하에 서울 유학을 결정하였다.

나도 중학교를 서울로 진학을 하여서 이미 경험한 바 있지만 시골학생의 서울 유학은 만만찮은 일이다. 비록 청소년들이라고 하더라도 서울 학생들의 위세는 대단해서 어지간해서는 기를 펴기가 쉽지 않다. 그럼에도 전학 평가 시험에서 일단 성적으로 기세를 올린 동생은 곧 제 자리를 잡았다.

그런데 생각을 해 보라. 한창 물오른 나이에 주위에 어려운 어른이 계시지 않는 서울 생활을. 학교와 집만 있는 줄 알고 살았던 동생에게 서울은 별천지였다. 게다가 서울에서 맨 처음 진한 우정을 맺은 친구가 저처럼 착하기는 하지만 록밴드에 올인해 있는 올챙이 뮤지션이었다.

록 음악을 하는 친구의 자유스러운 영혼이 부러웠던 아우는 잠시 핏줄의 흐름을 잊었고 공부 대신에 열심히 드럼을 배우러 다녔다. 그런데 이 일을 어찌하리. 비록 아우가 초등시절 바이올린 레슨을 한 경험이 1~2년 된다고 하더라도 우리 집안은 도무지 음악적인 재능하고는 거리가 먼 음치에 가깝고 악기 보기를 통나무로 보는 내력인 것을.

 암튼 그 결과 서울의 일류대 입학을 꿈꾸며 서울 유학을 왔던 아우의 예비고사의 성적은 당연히 묻지 마세요, 였다. 그래도 기초 실력이 있어서인지 서울 사대문 안의 대학 영어 교육학과에 진학할 수 있었다.

 대학에 입학하자마자 아우는 뭐가 그리 급했는지 이번에는 사랑에 도전장을 냈다. 당연히 집안의 결사반대가 있었지만 포기하지 않고 쟁취한 그의 아내는, 자신의 뮤지션 도전 실패에 대한 대리 만족이라도 하려는 듯이 노래 실력이 뛰어난 여인이었다. 예고에서 성악을 전공했고 당시 모 음대를 다니면서 아우와 함께 살기 위한 생활비를 벌기 위해 방송국 합창단원으로 일을 하였다고 한다.

 결국 자식에게는 한없이 약한 어머님이 몇 달 만에 아우에게 백기를 들고 대학 일 학년 때 결혼을 시켰다. 아우는 그 후 토끼 같은 두 딸을 낳고 영어 선생님이 되어 행복하게 잘 살았더란다, 라고 이야기가 해피 엔딩이 되었으면 좋으련만, 그것으로 끝이면 이 글을 쓸 이유가 무에 있겠는가?

 나의 착한 아우에게 한 가지 병이 있으니 그것은 '남 돕기를 숨쉬기 하듯 하자'는 것이다. 그러다 보니 제수씨는 평생을 온전한 월급봉투 한 번 받아보지 못하고 살았단다. 보통 가정이라면 매월, 아니 매일 풍파가 일어났을 것이나 그 집은 부창부수 일편단심, 임 가신 길이라면 나도 함께 이런 말들이 가훈일 뿐 아니라, 어릴 적부터 능력 있는 부모님 덕에 돈 무서운 줄 모르고 살았으니 그 버릇이 어디 가겠는가? 적지 않은 부모님 유산이 바닥이 드러나도 친구들 모임 친지 모임 자리를 가리지 않고, 돈 내는 일에는 언제나 선두주자였다.

　누구에게도 싫은 소리 한마디 할 줄 모르며 재미있고 즐겁고 맛있는 것은 옆 사람에게, 힘들고 귀찮고 어려운 일은 내가 먼저 하는 위인이니 참으로 내 아우이지만 모두가 좋아할 만한 대단한 천사다. 하지만 아우네 가족들에게는 속이 타는 어수룩한 천사였다. 그래도 하늘만은 알고 있었는지 두 딸은 제 엄마의 미모와 아빠의 머리를 닮고 부모를 만년 교사로 삼아 잘나고 똑똑하다. 큰딸은 제 아빠의 천사표를 조금 물려받은 듯한데 둘째 딸은 보통 '똑네'가 아니다. 어떻게 그 부부에게서 그런 딸이 생겼는지 궁금하기만 하다.

　아버지께서 지병인 고혈압으로 세상을 떠나시고, 몇 년 후 연로하신 어머님을 홀로 지내게 할 수 없어 집안 회의가 열렸다. 큰아들은 서울에, 둘째와 막내는 외국에 살고 있어 장남을 따라 서울로 가시느냐 고향에 계시느냐 하는 상황에서, 어머님 당신이 서울행은 막무가내 거절을 하셨다. 평생을 지방의 대도시에서 활동하시며 살아오신 어머니는 장남이 원하는 대로 서울에 가서 생소한 서울 생활을 울며 겨자 먹기로 따라 하시지는 않으실 만큼의 기가 있으신 분이시다. 그분들 세대가 맨몸뚱이로 겪으셨던 일제 강점기, 육이오 사변 등 굴곡진 시대를 겪으셨기에 그 시대를 겪지 않은 우리들 세대가 어찌 상상이나 하겠는가!

　아버지께서 뇌출혈로 반신이 마비가 되어 일 년여를 병석에 계셨어도 아버님의 힘든 병시중을 어머니를 도와 제대로 할 며느리도 없었지만 그렇다고 단 한 번도 며느리들 도움을 억지로 부탁한 적도 없으셨기에 네 명의 며느리들은 일단 시모님 앞에 서면 호랑이 앞에 선 새색시들이었다.

　상황이 이러하니 어떤 며느리가 저요, 하고 손을 들고 모시고자 하겠는가! 장남인 형은 서울을 오가며 1년 가까이 어머니를 모신 후 직계 가족들과의 불협화음 때문인지 다시 본가로 들어가 버렸고 도우미를 하던 이들은 있었지만 자식들 중 누구라도 곁에 있지 않으면 불안해하셨다. 예를 들어 어머니 당신이 아들에게 전화를 했는데 그 아들이 여의치 않아 전화를 받지 않은 경우에는 받을 때까지 수십 차례라도 하시는 것이었다.

　물론 자식들의 입장에서도 불안하기는 마찬가지였다. 어머니는 노환으로 보청기를 사용하셨는데 예를 들어서 보청기를 빼놓으시면 도우미가 퇴근하고 없는 한밤중에는 밖에서 난리가 난다 해도 모르시기 때문이었다. 그렇게 이런저런 이유로 어머니를 모시는 게 가장 큰 이슈로 떠 오르는 와중에 나의 아우가 의견 제시를 했다.

　내가 도움을 필요로 할 때 어머니는 항상 내 곁에 세셨는데 이제 어머니께서 도움을 필요로 하시니 당연히 자식인 내가 어머니 곁에 있어야 한다고. 물론 다른 아들들도 있지만 각자 사정이 있다 하니 그렇담 가장 가까이 사는 자신이 해야 한다고 자신의 의견을 피력하였다.

　그런데 문제가 발생했다. 처음으로 제수씨가 남편에게 반기를 든 것이다. "왜 셋째 아들인 자기들만 책임을 져야 하는 것이냐. 최소한 돌아가면서 모시자"라고. 물론 세상적인 이치로 보면 당연한 반기였고 거기에 반론을 제기할 가족은 없었지만 내 아우의 의지는 단호했었.

　남편의 단호한 의지에 제수씨의 반기도 만만치 않았는지 자기는 절대로 남편에게 동의할 수 없다며 이혼 요구까지 했다고 한다. 그러자 대학에 재학 중이던 아우의 둘째 딸이 나서서 지 엄마를 설득하기를 "월요일부터 금요일까지는 아빠가 할머니와, 토 일요일인 주말은 엄마와 함께." 그래서 그 후 어머니께서 귀천하실 때까지 아우는 십여 년을 주말 부부로서 두집 살림을 하였다.

그간에도 형된 입장에서 어머님을 잘 모셔준 아우에게 고맙고 미안한 마음이라도 전하노라면 오히려 자신에게 어머니를 양보해 주어서 고맙다는 동생이었다. 형으로서 두고두고 아우에게 갚아야 할 빚을 지고 있다고 생각을 한다.

그러자 지난해 아우는 평생 몸담았던 교직에서 명예퇴직을 하였다. 동생의 나이로 봤을 때 앞으로도 5,6년은 더 교직에 머무를 수 있을 터인데도 무언가 필요한 또 다른 이유 때문에 나름 심사숙고해서 내린 결정이었을 것이다. 아우의 나이 스무 살에 결혼을 해서 얻은 두 딸들은 이미 대학 졸업 후 출가까지 시켰으니 경제적으로 그렇게 큰 어려움이야 없겠지만 막상 은퇴를 하고 나니 아직은 집에서 쉬고만 있기에는 나이가 너무 젊고 건강하다는 것이었다.

사오정, 사십 대 후반이면 정년이라는 속어처럼 아직은 한창 일할 나이에 퇴직한 한국의 장년들의 세월은 이래저래 서럽기만 하다. 동생 역시도 막상 은퇴 후 날개 꺾인 천사처럼 풀이 죽어 있는 모습이 많이 애처로워 보이길래 내가 운영하고 있는 중국 유학원에서 일을 해 보면 어떠냐는 제의를 했다.

사실은 그동안 내가 운영하는 유학원에 한국인 영어 교사의 필요성이 절실하여 아우의 은퇴 후 진즉부터 청하고 싶었으나 자기 비즈니스를 하고 있는 제수씨의 형편이 동생과 동행하기 어려울 것 같아 망설이고 있었는데 막상 중국행을 제의를 하자 제수 씨가 대환영이다. 은퇴 후에 남편의 일상이 생각 같지 않게 편안해 보이지가 않아서 많이 애처로웠는데 남편이 다시 아이들 지도하는 일을 할 수 있다는 소식에 싫어하지 않고 반가워해서 다행이다.

나 역시 이십 년이 넘는 타국에서의 삶이 많이 외로웠는데 사십여 년 만에 내 아우와 동숙하며 보내는 시간들이 날 여유롭게 한다. 지금은 하늘나라에 가 계신 울 어머니께서도 형에게까지도 천사 노릇을 하고 있는 내 아우를 내려다보며 따뜻한 미소를 띠시지 않을까 하고 혼자서 미루어 짐작을 해 본다.

2016년 봄
만개한 목련꽃을 바라보며 산동 와룡 산기슭에서

오도송(悟道頌)

 불가 스님들께서 목숨을 건 정진 중에 활연대오(豁然大悟)하여 무아지경에서 부르는 노래를 '오도송'이라고 한다던데, '이 핫바지 바보!' 이런 어처구니없는 말에 오도송이라는 큰 제목을 붙여 대단히 죄송하지만, 범부(凡夫)인 나로서는 정말 중요한 깨달음 후 절로 나온 한 마디였다. 그러니 결례를 무릅쓰고 제목을 그리 정하고 이야기를 시작해 보련다.
 군대에서 '척추 추간판탈출증' 일명 디스크 수술을 받고 의병전역을 하였다. 천지분간 못 하는 반항적인 치기가 군대에서까지 이어져 선임들에게 밉보인 대가였다. 한 마디로 시원섭섭한 16개월 간의 군 생활이었다. 요즘 같으면 누구를 고소하네, 국가를 상대로 손해배상을 청구하네 하겠지만 당시의 사회적 여건에선 생각지도 못 한 일이었다. 그것뿐이랴. 무료 수술로 당장 고통을 면해 준 것만도 국가에 감사해야 한다는 전역심사관의 한말씀도 계셨다. 그리고 그렇게 알고 살아왔다.
 제대 후에도 수시로 통증은 찾아왔지만 그때그때 일회성 치료를 하며 참고 살았다. 특히 조금만 무거운 물건을 들거나, 앉거나 서서 고개를 깊이 숙인 채 십여 분만 지나도 한나절은 누워서 지내야 한다. 이런 증상 때문에 그간 농땡이 부린다는 눈치를 받은 적이 한두 번이 아니다. 그런다고 그때마다 일일이 설명할 수도 없는 일이다. 다행히 종족 번영을 위한 임무 수행에 별 영향을 받지 않은 것, 그것만으로도 감사할 일이다. 그리고 무엇보다 설거지 등의 중노동과 같은 집안일을 남정네에게 시키면 부도덕한 일이라 여기는 고전적인(?) 마누라를 만난 것. 그 또한 생각할수록 고마운 일이다.

그런 마음으로 삼십여 년 가까이 살던 어느 날, 보훈 담당 고위 공직자가 허위로 보훈 신청을 하여 혜택을 받았다는 뉴스를 접했다. 보훈대상자들에게는 국가에서 실행하는 여러 가지 혜택이 있다. 국가를 위해서 복무하다 건강을 해쳤으니 국가가 보상하는 일은 당연한 일일 것이다. 그러나 그 모두가 국민의 혈세에서 나온 것이거늘, 그 관리 감독은 엄정하고 공정한 것이어야 마땅했다. 그런데 그런 몰염치한 행위를 접하고 보니 그간 지녔던 나만의 애국심 하나가 여지없이 무너지고 말았다. 나 혼자라도 보훈 혜택을 받지 않겠다는 작은 애국심이 코미디가 되어 버린 느낌이났다. 당일로 보훈청에 문의하여 보훈 대상자 대상 신사신청을 하였다.

심사는 전문의 진료를 비롯하여 각종 검사 등 과정이 무척 엄격했다. 그때 깜짝 놀란 것이 있는데 바로 우리나라 기록문서보관에 관한 일이다. 보훈 대상자 신청 후 집으로 문서 한 권이 배달되었다. 삼십 년도 훨씬 전인데도 내가 입원한 경우부터 시작하여 수술 전 과정, 담당 의사, 투약했던 약명까지 아주 상세하게 기록되어 있었다. 그 기록 문서를 들춰 보다가 당시 응급실 담당 간호장교 이름을 찾은 것은 작은 감동이었다. 그녀는 몰랐을 것이다. 고운 미소 덕분에 수술 후 찾아오는 통증은 곧잘 견디었지만 대신 얻은 마음의 아픔은 또 얼마였던가! 텅 빈 회복실에서 수술 후 통증으로 힘들어하는 내 손을 잡고 마약성 진통제 주사 대신 읽어 주던 시구(詩句)는 당시도 지금도 생각이 나지 않는다. 다만 따뜻한 손의 체온과 노래하듯 읊던 목소리의 높낮이만이 그때처럼 생생할 뿐이다. 이야기 빗나갔다.

보훈대상자로 선정된 후 가장 좋아하는 사람은 아내였다. 많은 액수는 아니나 매달 정기적으로 나오는 보상금으로 가족 건강 보험을 들어 증서를 건네주니 "대한민국 정말 좋은 나라다." 이 말을 입에 달고 살았다. 만약 아이들 학비 면제를 비롯한 여러 가지 보훈 혜택이 더 있다는 것을 알았더라면, 마누라는 내 허리를 부러뜨려 다시 입원시키고 싶은 심정이었을 것이다. 심사하던 날에도 내 기록을 살펴보던 심사관 왈 "왜 이제야 신청 하셨나요?" 하는 질문에, 나는 퉁명스런 목소리로 "왜 늦게 신청하면 죄 되나요?" 하는데, 내 옆구리를 꼬집으며 옆에 있던 마누라는 상냥스런 목소리로 "그동안 보상받지 못했으니 이제라도 많이 받게 해 주세요." 이런다. 확실히 나보다는 정신연령이 훨씬 높은 여인이다.

그 후로도 그럭저럭 살다가 어느 날 친구 부인으로부터 들은 이야기에 또 부아가 치밀었다. 자기가 아는 어느 보훈 대상자는 주위 사람들의 병을 전해 듣고 보훈병원에 가서 약을 몇 달분 씩 받아 전해 준단다. 보훈 대상자에 대한 무료진료와 치료를 받을 수 있는 특전을 악용한 것이다. 그간 감기약 한 번 무료로 타 먹은 적 없던 나는 당일로 마누라 손에 이끌려 보훈병원 신경외과 진료를 신청하였다. 마누라의 끝나지 않는 잔소리를 들으면서.

신경외과 담당의사는 나와 비슷한 연배로 보였다. 내 증상을 전해 듣고 간단한 진료 후 정밀도 촬영을 한 적이 있느냐 물었다. 한 번도 없었다고 대답하니 깊은 뜻은 모르나 "요즘 분은 아니시네요. 오래 되었으니 MRI 촬영 한 번 해보시지요." 하고 결정하였다. 촬영 일자가 거의 석 달 후로 잡혔다. 그만큼 촬영 대상자가 많다는 것이다. 돈은 내지 않아도 된다는 재확인을 받은 아내는 나를 보고 로또라도 당첨된 듯 의미심장한 미소를 짓는다. '너는 나 없으면 못 살아, 이 핫바지야' 하는 뜻임을 내가 왜 모르리.

촬영 당일 큰일인 양 마누라를 대동하고 병원에를 갔는데 생각 밖으로 간단한 수순이다. 잠옷 같은 촬영복으로 갈아입고 담당의사의 꼼짝하지 말라는 지시를 깊이 새기며 자리에 누웠다. 우주선 같은 통 속으로 빨려 들어가며 감았던 눈을 잠시 떠 보았다. 이건 영락없는 원통으로 된 관이다. 귀마개로 귀를 막아도 요란하게 들리는 기계음은 죽은 이가 홀로 듣는다는, 주검을 둘러싼 주위 사람들의 소음인 듯하였다. 두 손을 모아 가슴에 두었는데 시간이 흐르자 팔이 저려 왔다. 의사가 꼼짝 마라고 했는데 팔을 내릴 수도 없고, 두 팔에 눌린 가슴은 점점 더 답답해졌다.

'죽은 사람들도 두 팔을 모아 가슴에 올려 두던데 그때도 이처럼 저려오면 어떡하나?' '나는 팔을 모아 가슴에 두지 말고 그냥 내려놓으라고 유언해야지.' '아니 그러면 또 다른 곳이 불편하지는 않을까?' 별 잡념들이 오가던 중 '가만있자, 지금 여기가 진짜 내가 죽어 관속이라면?' 하는 생각에 이르자 순간 정신이 아득해졌다. 멀어지려는 정신줄을 챙겨들고 나름 정리를 해보았다. 첫째, 너무 억울하였다. 더 못 살아서가 아니라 이제까지 절실하게 목숨 내놓고 누구를, 무엇을 사모해 본 적이 없는 삶이었다. 이제 죽어도 여한이 없다고 말할 수 있는 사람들은 얼마나 대단한 사람들인가! 그런 사람들의 생사입판(生死立判)의 치열(熾烈)한 삶이 부러워서라도 아직은 죽을 수 없었다. 그럼 이제부터라도 나는 뭘 찾아서 그렇게 열정적이며 뜨거운 삶을 살 것인가? 한참을 생각해도 그 답이 도무지 떠오르지 않아 더욱 억울하였다.

  이윽고 '수고하셨습니다. 다 끝났습니다.' 하는 목소리에 눈을 떴다. 어느새 몸이 통 밖으로 나와 있었다. 저린 팔을 돌려가며 몸을 일으키는데 촬영실 문이 빼꼼히 열렸다. 열린 문틈으로 고개를 내밀고 목소리 없이 입 모양으로만 "괜찮아?"하며 빙긋이 웃는 여인이 보였다. 마누라였다. '아! 그렇지! 그렇지! 이 핫바지 바보!' 그녀의 아름다움이 사십 년 만에 새로운 순간이었다.

나의 가엾은 대상포진

 아름드리 나무에 기대어 먼 산에 대고 육두문자를 섞어가며 소리를 지르다가 돌아서서는 나무둥치에 머리를 대고 으악대기를 십여 분, 선불 맞은 곰처럼 나대고 나니 이것도 힘들고 지친다. 낙엽들이 수북이 쌓인 바닥에 털썩 주저앉아 내가 지금 미쳤나 하고 생각하니 그 와중에도 웃음이 난다. 배낭에서 물병을 꺼내 한 모금 마시는데 등 뒤에 인기척이 느껴진다. 깜짝 놀라 뒤돌아보니 절에 사는 처사인지 승복은 입었으나 긴 머리카락을 뒤로 묶은 사내가 곁을 지나가며 가볍게 묵례를 한다. 이거 보통 낭패가 아니다. 아침은 아니더라도 이른 오전이라 아무도 없는 산중이라 생각하고 그 난리 부르스를 떨었는데 이게 무슨 꼴이란 말인가. 말없이 짓는 미소에 쥐구멍, 아니 다람쥐 구멍이라도 있으면 들어가고 싶다. 그래도 점잖은 체면에 그냥 지나칠 수가 없어 그 사내 등에 대고 "어이구 죄송합니다. 아무도……" 내 말이 채 끝나기도 전에 뒤도 돌아보지 않고 한마디 하고는 가던 길을 계속 간다. "좋~습니다. 계속하세요."

 말로만 듣던 대상포진에 걸렸다. 처음에는 피부 트러블 정도로 생각하고 연고만 바르고 지나쳤는데 한 이틀 지나자 발병 부위가 점점 더 넓게 퍼졌다. 쿡, 쿡 바늘로 찌르고 칼로 들쑤셔 대는 것 같은 극심한 통증에 온 밤잠을 설치고서야 이게 아니다 싶어 병원을 찾았다. 그나마 일찍 발견해서 입원할 정도는 아니고 통원 치료만 해도 되겠다는 의사의 위로와 처방을 받고 집으로 돌아왔다.

약을 먹어도 잠시뿐 통증은 일정한 간격을 두고 엄습해 왔다. 그런데 통증도 통증이지만 투병(?) 환경 역시 육신의 통증 못지않게 신경을 거스른다. 첫날 하루는 물도 떠다 주고 "무슨 죽을 끓일까?" 하며 제법 환자 대접을 해주던 아내가, 낑낑대는 나와 더불어 이틀 밤을 꼴딱 새우더니 "그렇게 아파? 입원해야 하는 거 아니야?" 하며 귀찮아하는 모습이 역력하다.

나는 왜 이렇게 마누라의 마음을 잘도 읽어 내는지 이것도 문제다. 어릴 적 눈칫밥 먹고 크지도 않았는데. 서운함에 돌아가신 어머니 생각이 절로 난다. 우리 엄니 같았으면 '워매 내 새끼, 이를 어쩐다냐?' 하시며 장독대에 정화수를 떠 놓고 치성을 드렸을 터인데.

인상을 쓰고 소리를 지르는 것도 힘이 있어야 하는 법. 우선 내가 죽겠으니 눈치 보는 이내 속만 부글부글 타들어 간다. 오후 들어 '오늘 동창 모임 어쩌지?' 하는 그녀의 한 마디에 드디어 더는 못 참고 벌떡 일어나 오전에 다녀온 병원을 다시 찾았다. 일주일 복용할 약과 더불어 대상포진이 죽는 병은 아니라는 처방을 받아들고 집으로 돌아와 짐을 꾸렸다. 아내에게 긴 말, 짧은 말 없이 '나 시골 간다.' 한 마디 던지고 용산역으로 나가 고속열차에 몸을 실었다.

시골에서 목장을 하는 친구가 역전으로 마중을 나왔다. 아무 데나 좋으니 사람 없는 곳으로 데려다 달라고 부탁을 하였다. 사연을 들은 친구 놈마저 서운하게 내 편을 들어주지 않는다. 자신의 집으로 가자는 걸 '야 내 집 싫어서 나왔는데 네 집 가리?' 하니 '에고 미친놈 언제 철들래.' 하며 데려다준 곳이 단풍으로 유명한 지역 산사 입구의 여관이었다.

단풍 시즌은 벌써 마감되었고 인근의 간이식당들마저 철수해버린 초겨울 산동네는 적막하다 못해 썰렁하기 그지없었다. 나를 내려놓고 젖소들 착유해야 한다며 친구가 가버리자 짧은 초겨울 해마저 덩달아 뒷산을 넘어간다. 잠시 멈췄던 통증이 다시 엄습해 온다. 약을 먹으려다가 문득 오늘 종일 먹은 것이 뭐가 있었나 싶어진다. 용산 역사에서 승차 후 먹을 요량으로 사 두었다가 잊고 두었던 햄버거를 찾아 들고 보니 떡메 맞은 찰떡처럼 눌려지고 내용물은 다 삐져나와 있다. 그래도 살겠다고 한 입 베어 물고 오물거리는 거울에 비친 내 모습이나, 짓이겨진 햄비거나 볼품없기는 거기서 거기다. 햄버거를 윗목에 던져두고 두 번 먹을 분량의 진통제를 입에 털어 넣었다. 여관 전체에 손님이라고는 나 혼자뿐이니 오늘 저녁은 마음 놓고 소리를 질러도 아무도 듣는 이 없을 것이다.

통증에 눈을 떠보니 새벽 두 시경이다. 그래도 댓 시간은 깨지 않고 푹 잔 셈이다. 두 배 분량의 진통제 덕인지, 마음 놓고 낑낑대며 에고, 에고 소리 지른 덕분인지, 산중 맑은 공기 덕분인지 모르지만 요 며칠 중 가장 달고 깊게 잔 꿀잠이었다. 이후로도 비몽사몽 중에 아이고, 아이고 하고 소리를 질렀다가 설핏 잠들었다가를 반복하다 보니 날이 밝았다. 그런데 이제는 속이 쓰리다. 먹은 것도 없이 독한 약만 먹었으니 그럴 만하다. 아침 착유 끝내면 친구 놈 지가 안 오겠는가 싶지만, 그때까지 견딜 상황이 아니다. 혹시 문 연 구멍가게라도 있나 보려고 여관 밖으로 나와 주위를 둘러봐도 적막강산이다. 높은 가지에서 짖어대는 애꿎은 까치에게 냅다 소리를 지르고 다시 방으로 들어와 어제 먹다 둔 햄버거를 들고 산사 입구에 있는 약수터를 찾아 나섰다. 지난번 올 적에는 차에서 내려 금방인 듯 했는데 오늘 보니 상당한 거리다.

 차가운 약수에 식어빠진 햄버거를 입에 넣으려니 나도 모르게 '허참 나 이게 뭔 꼴이여?' 하는 자조 섞인 헛웃음이 절로 난다. 그런데 생각과 달리 입안에서 씹히는 맛이 달다. 시장이 반찬이라는 어른들의 말씀은 역시나 진리다. 흐르는 개울물에 얼굴을 씻고 나니 조금 정신이 드는 듯하다. 산사를 지나 등산로를 따라 조금만 더 조금만 더 하고 오르다 보니 어느덧 두어 시간이 훌쩍 지났다. 흐르는 땀을 식히느라고 잠시 쉬는데 망할 놈의 통증이 또 시작된다. 등산로를 조금 벗어나 그중 가장 큰 나무 밑으로 들어가 통증이 몰아치는 옆구리를 부여안고 먼 산에 대고 소리를 질러댔다. "에라이, 빙신 새끼야…"

 원도 없이 소리를 지르고 나니 통증도 좀 가라앉고 속도 좀 풀린 듯하다. 그런데 이번에는 빈속이 문제다. 배가 고프다 못해 쓰리고 아리다. 대상포진 통증이 더 고통스러운지 이 배고픔이 더 고통스러운 것인지 분간할 수가 없다. 아무리 중병에도 숟가락 몽댕이 쥐고 있으면 살고 놓치면 죽는다더니, 이러다 배고파 쓰러지는 것은 아닌지 모르겠다. 이 계절이면 한창 맛이 올랐을 감성돔부터 시작하여 소고기 육회 등을 그리며 어찌어찌 산에서 내려왔다. 산사 입구를 지날 무렵, 길가 벤치에 좀 전 스쳐 지나갔던 긴 머리 사내와 여자 한 명 남자 두 명의 젊은이들이 앉아 있다. 쑥스럽기도 해서 고개를 돌리고 지나가려는데 속없이 긴 머리 사내가 나를 불러 세웠다. "좀 쉬었다 가세요. 요기도 좀 하시고." 뭐? 요기? 나도 모르게 발걸음이 절로 섰다. 젊은이들의 차림새가 조금은 이상타. 등산객은 등산객인데? 의아한 눈초리에 여대생으로 보이는 처녀가 먼저 자신들을 설명한다. "우리는 소리 채집꾼들이에요." 소리 채집꾼? 이건 또 뭔 소린지 모르겠다. 펄펄 끓는 물을 부은 컵라면에 김밥! 이토록 황홀한 맛의 국수를 이처럼 쉽게 먹도록 개발한 그 누구에게 전 국민의 뜻을 담아 최고의 훈장을 주어야 한다.

입가심으로 삶은 계란에 커피를 마시며 이해한 그들의 정체는 계절의 소리를 채집하는 지역방송국 피디들이었다. 그들은, 지금 이 시기 이 산행 길은, 오감을 넘어 열정에 들떠 애무하는 연인의 손놀림 같은 거친 바람을 온몸으로 체감하는 등산의 절정! 산행의 오르가즘!이라며 침을 튀긴다. 그 길은 좀 전 내가 오르다 말았던 팔백 고지의 능선을 따라 서너 시간 거리의 다음 골짜기 산사로 이어지는 길이다. 방송장이들은 말도 잘한다. 이놈의 통증으로 일행들에게 피해만 주지 않는다면 모든 것 제쳐 놓고 어찌 따라나서지 않으랴. 아쉬운 마음으로 작별하고 일어서니 그제야 주위 풍광이 눈에 들어온다.

시리게 높고 푸른 하늘, 잎 진 나뭇가지를 가볍게 흔들고 가는 바람, 마른 잎 밟히는 바스락 소리와 오솔길 따라 흐르는 시리도록 맑은 개울물은 두어 잎 철 지난 낙엽을 품에 안았다. 여관 출입구를 열고 들어서니 주인이 소리를 지른다. "아니 아프다는 양반이 어딜 고로코롬 싸댕기요. 언능 친구분 한티 전화해 보쇼. 백 번은 더 왔응께."

아니 내가 여기까지 와서도 눈치 보며 투병생활(?)을 해야 한단 말인가? 약간은 짜증스런 마음으로 휴대폰을 꺼내니 아차, 어제 기차에서 계속 울려대던 마누라 전화를 받기 싫어 꺼 놓은 상태 그대로다. 첫 통화음이 채 전달되기도 전에 굵직한 친구놈 목소리가 높다. "야 마! 너 뭐냐? 아파서 죽겠다는 놈이 코를 골고 잠을 안자나, 새벽 댓바람부터 마실을 안 다니나?" 이건 또 뭔소리여? "주인에게 반찬 달라고 해서 밥이나 먹고 있어라. 나 군청 일보고 있응게 오후에 가마." 지 할 말만 하고는 전화를 끊는다. "자, 이것은 어젯밤에 친구분이 와서 손님이 깨워도 안 일어난다고 맡겨 놓고 간 반찬이고, 밥은 쩌어기 전기밥통에 해 놓았응께 편하게 드시쇼잉."

내 손목을 잡고 간이 주방으로 이끈 주인이 내놓은 삼중 찬합에는 윤기도는 김장 김치부터 시작해서 도톰한 갈치구이에 서너 가지 산나물, 기름 발라 직접 구운 두툼한 김, 그리고 화룡점정으로 그 귀한 민물새우 젓갈까지 경애하올 친구 부인의 솜씨가 가득하다. "아 참! 이것도 있구만요." 하고 내놓은 주전자에는 소고기 넣고 끓인 미역국까지 들어 있다. 내 생일에도 이런 상을 받아 본 적 있나 싶어지는 성찬이다. 그런데 어찌하리오. 내 배는 이미 남산만큼 불러 있으니. 사람 마음은 조변석이라. 이제는 배고픈 날 인스턴트 컵라면으로 미혹시킨 긴 머리가 한량없이 미워진다.

어제 저녁 늦게 찾아온 친구가 깨워도 모르고 잠에 취했다 하니 어허 참, 이걸 어찌해야 하나. 오해를 넘어 육해를 받더라도 할 말이 없겠다. 말없이 앉아 있는 나에게 여관 주인이 결정타를 날린다. "어따 두 양반이 겁나게 친한갑소 잉, 그 냥반이 삼시로 고로코 신신당부한 적은 한 번도 없었던 일인디." "나도 읍에 좀 댕겨 올랑께 천천히 드시쇼. 그라고 여관에 암도 없응께 출입허실라면 요 열쇠로 출입문 장구고 나가시고라 잉" 하고는 열쇠 하나를 내주고 먼저 자리를 일어선다. 친구의 사랑을 눈으로만 배불리 먹고 밖으로 나와 절집을 찾았다.

사천왕문을 지나 제법 규모 있는 대웅전을 둘러보았다. 인적 없는 산사는 묵언수련 중인 듯 고즈넉하기만 하다. 절집을 찾을 때마다 드는 의문 하나는 스님들은 다 어디로 숨으셨는지 도통 보이질 않는다는 것이나. 어쩌다 대웅전에서 불경을 드리는 모습을 볼 때도 있으나 그때뿐, 눈 한 번 돌리고 나면 또 어디로 사라져 버리고 보이지를 않는다. 스님들은 온 절을 객들에게 떠안겨 놓고 뭣들을 하시는지 모르겠다.

보물로 지정된 탑을 둘러보는데 또 통증이 찾아온다. 급히 숙소로 돌아와 약을 먹고 나니 다시 졸음이 찾아온다. 이제 보니 진통제에 수면제 성분이 있는 모양이다. "야 마, 그만 자고 일어나 봐라. 뭘 좀 먹기는 먹은 거냐? 죙일 굶고 잠만 자는 거냐?" 툴툴거리는 친구 목소리에 일어나서 이틀 만에 더운 물에 샤워를 하고 나니 내 뱃속에는 석 달 굶은 거지가 한 명 들어 있는지 슬슬 또 배가 고파 온다.

머리를 털며 나오는데 웬일로 방 가운데 우렁각시가 차려 놓은 듯, 한 상이 떡하니 차려졌다. 아침에 본 반찬에 지역 특산물인 싱싱한 쇠고기 육회에 갖은 쌈 야채까지 고급 요리집 수준이다. "야 마, 내가 알아봤더니 대상포진은 잘 먹으면 낫는 병이라더라. 이리 와서 한 잔 받아라." 당대의 주당다운 발언이었다. 그래! 수의사도 의산데 친구 죽이기야 할라더냐 싶어 연거푸 서너 잔씩을 주고받았더니 기분 좋은 취기가 슬슬 올라온다. 그 와중에도 "야 마, 너 아가씨들 젖 짜러 가야 되잖아?" 했더니 "어이 병자, 너 걱정이나 하시라고요. 대신 일볼 사람 구해 놓고 왔으니."

소주 한 병이 댓바람에 비워지고 두 병, 세 병을 지나 네 병째를 따는데 여관방 문이 노크도 없이 왈칵 열린다. "거기서 스톱! 이거시 시방 뭔 시츄에이션들이여?" 하며 들어서는 두 여인은 존경하올 마누라님들이셨다. 그 와중에도 우리 님은 나보다 싱싱한 생고기가 먼저 눈에 들어오는 모양이다. '통증은 좀 어쩌느냐?'는 인사치레 말도 없이 상 앞에 주저앉더니 "어이 거기 김 군, 한 잔 따라봐." 하며 잔을 내민다. 아아, 위로 한 번 제대로 받지 못하고 그렇게 물 건너 가버린 나의 가엾은 대상포진이여!

잘난 것도 가지가지

나는 다른 사람들에게 없는 재능이 많다. 먼저 노래 솜씨로 말할 것 같으면, 내 노래를 처음 듣는 사람들은 웃지도 못하고 절로 부끄러워 고개를 숙이게 하는 정도의 솜씨요, 그림 솜씨로 말할 것 같으면, 소싯적부터 피카소의 〈울고 있는 여인〉은 절로 가라요, 뭉크의 〈절규〉하는 그림을 그려 댔으나 아쉽게도 알아주는 이가 하나도 없었다. 운동 솜씨도, 공부도, 생긴 모양새 또한 거기서 거기여서 날 부러워하는 친구들이 한 명도 없었으니 누구로 하여금 질투라는 못된 감정을 불러일으킬 일일랑 생각지도 못할 일이었다.

그런다고 내가 누구를 질투하거나 크게 부러워하지도 않았으니, 그렇다면 나는 아무런 생각도 없이 살았단 말인가? 곰곰이 생각해보니 그도 아니다. 노래 잘하는 친구가 있으면 기꺼이 노래를 청해 들으며 행복해했고, 그림을 잘 그리는 친구가 있으면 그림을 한 장 얻어 내 방에 붙여 놓고, 이렇게 그림 잘 그리는 친구가 있음을 자랑하고는 했다. 그래서 가끔은 누나들에게 '너는 네 자랑이나 해라.'는 조롱을 당할 때도 가끔 있었지만 그럴 때면 '아, 우리 누나들은 노래 잘하고 그림 잘 그리는 친구가 없는 모양이구나.' 하고 이해하여 주었다.

그럼 나는 천사표인가? 그 또한 절대 아니다. 초등학교 삼 학년 미술시간에 내 나름으로는 정성들여 그린 그림을 담임선생님께 제출했는데, 그림을 받아 든 담임선생님이 킥킥 웃으시며 "이게 뭐냐? 너는 네 크레용이 아깝다." 하시는 것이었다. 그래서 내려던 그림을 다시 챙겨 뒤돌아서서 짝짝 찢었다가 뒈지게 터진 적도 있으니 꼬라지 하나는 누구한테도 뒤처진 적이 없었다.

중학교 이학년 때 여자애들을 비롯하여 초등학교 동창들 댓 명이 함께 놀러가서 돌아가며 노래를 부른 적이 있었다. 당연 스스로를 잘 아는 나는 알아서 노래를 사양하였다. 두어 번 사양하자 모두 다음 친구로 넘어가자는데, 유독 한 녀석이 끝까지 노래를 부르라는 것이었다. 당시 매사에 늘 대장 노릇을 하려는 덩치 큰 녀석이었다. 더 사양하는 것은 비겁한 일이라는 생각이 들어, 내가 음치임을 밝히고 웃지 말라고 부탁하고 노래를 시작하였다. 한 소절도 다 부르기 전에 녀석도 삼학년 담임처럼 '킥킥'거리고 웃으며 "야! 됐다. 그만해라 그만해." 했지만 끝까지 다 부른 다음 녀석에게 다가가 원펀치를 날렸다. 당연히 놀이판은 엉망이 되었고 웃다가 엉겁결에 한 대 얻어터진 녀석의 찢긴 입술 치료비로 부모님께 적지 않은 부담을 드린 적도 있다.

그런다고 내가 못 하는 많은 것들을 포기만 하고 살았나? 그도 아니다. 친구 놈과 그런 일이 있고 난 후, '폴 앙카'의 레코드판에 들어 있던 〈라스트 댄스 포 미〉라는 노래를 배워 볼 양으로 엘피판이 망가질 정도로 따라 불렀다. 적어도 백 번은 더 불러본 후 초등학생 동생 두 녀석을 불러 놓고 공연 아닌 공연을 했다. 녀석들의 평가인즉 "형 노래는 외할매 육자배기하고 비슷해."

아! 나는 이미 소싯적에 팝송과 타령, 동서화합의 한 경지를 이루었으니 넌들 내 노래 솜씨를 평가할 수 있으리. 이리저리 때로는 부대끼고 때로는 적당히 타협하며 가끔은 혼자, 안 그랬으면 죽었거니 하는 폭을 잡으며 살다보니 어느 사이 칠십이 다 되었다. 언제던가, 선친께서 '사람은 나이에 상관없이 철이 들어야 어른이다' 하셨는데 칠십이 되어서도 철은커녕 사춘기도 벗어나지 못한 것 같으니 이도 나만의 재능이런가!

운전 면허증

나는 운전을 하지 못한다. 면허증을 발급받은 지 삼십 년이 다 되어 가는데도 말이다. 나 같은 사람을 일러 장롱 면허증 소지자라 한다던가? 그런데도 그동안 큰 불편을 느끼지 못하고 살았으니 성격이 무딘 건지, 삶이 단순했던 것인지 모르겠다.

굳이 변명을 하자면 첫 번째는 스물세 살부터 곁에서 기사 노릇을 했던 마누라 때문이다. 마누라가 처녀시절부터 워낙 싸돌아다니기를 좋아해서 운전학원을 보내 운전을 배우게 하였다. 그 시절만 하더라도 운전면허를 따려면 몇 개월을 학교 다니듯 운전학원에서 공부를 해야만 했다. 오전에는 자동차 전반에 대한 학과 수업을 하고 오후에는 운전기술뿐만 아니라 정비에 대한 실습을 수료해야지만 운전면허에 응시할 수 있었다. 우수한 성적(?)으로 학원을 이수한 후 단 한 번 응시로 면허를 발급받은 마누라는 또래들 중 단연 운전면허 1호로 그 후로도 한동안 면허를 소지한 것만으로도 친구들에게 선망의 대상이었다.

두 번째로는 내 주위에는 늘 운전에 능한 사람들이 많아 내가 직접 운전할 기회가 없었다. 간혹 내가 운전을 해보려고 하면 가르쳐 줄 생각은 하지 않고 위험하니 다음에 하라는 말이 인사가 되어 직접 핸들을 잡아볼 기회가 주어지지 않았다. 내 차를 내가 운전하지 못한 것을 두고 이제와 그들 탓을 하고 있는 스스로가 좀 우습기는 하지만 진실은 진실이다.

마지막으로 아직까지 운전을 못하는 사연을 설명할 때 그날 이야기를 하지 않을 수 없다. 그날은 고대하던 내 운전면허증을 교부받은 당일이었다. 면허증을 받아 들고 당시 일하던 토목공사 현장으로 향하던 도중 모교(대학)앞을 지나가게 되었다. 오랜만이라 지도교수님들 안부도 궁금하여 인사를 드릴 겸 모교 안으로 들어섰다. 그날도 당연히 운전은 기사가 하고 옆에는 친구가 앉아있었다. 교정으로 들어서자 불안해하는 기사를 채근하여 차를 세우고 운전대를 직접 잡았다. 몇백 미터를 기분 좋게 운전하니 경사가 심한 오르막이 나왔다. 그곳을 올라서면 목적지라는 기억으로 악세레이타를 밟고 기세 좋게 오르막을 오르고 보니, '아뿔사!' 우리가 재학 중일 때는 분명히 차가 통행할 정도로 넓은 길이었는데 그간 양옆으로 회양목을 심어 산책로로 바끼어져 버린 것이다. 거기에다 수업을 끝낸 학생들이 물밀듯이 그 좁은 길을 꽉 채우며 오는 것이 아닌가? 순간 당황하여 브레이크를 밟는다는 것이 또 한 번 악세레이터를 힘껏 밟아 버렸다. 붕하고 떠오른 차가 먼저 길옆에 쌓아 놓은 자갈 더미에 처박히더니 빙글 돌아 회양목 더미 넘어 경사진 흙벽에 차 머릴 깊숙이 들이대고 아직도 분이 풀리지 않은 듯 웅웅대고 있었다. 그 뒤로 동행했던 친구 왈 "너는 앞으로 자갈을 보면 자갈님이라 부르라"고 놀려댔다. 지금 생각해도 당시 그 자갈더미가 없었다면 어찌 되었을지 아찔하다. 당연히 그 뉴스는 발 없는 소문을 타고 사방으로 전달되어 이후로는 누구도 나에게 운전대를 맡기지 않았다. 그리고 아직 그때의 트라우마에서 벗어나지 못하고 있다는 사실도 솔직히 고백하지 않을 수 없다.

아무튼 여기까지가 내가 아직 장롱면허를 벗어나지 못하고 있는 사연이며 변명이다. 앞에서도 언급했지만 운전을 못해서 크게 불편한 기억이 별로 없었는데, 정말 딱 한 번 운전을 하지 못한다는 사실이 그리 아쉽고 스스로가 바보, 천치 같아 가슴을 치며 후회한 적이 있었다. 그 이야기를 꺼내기 전에 먼저 이 글을 읽으시는 분들께 특히 여성분들께 다짐을 받아야 할 것이 있다. 나를 부도덕하게 보지 말고 좀 더 솔직하게 입장을 바꾸어 자신이라면 어찌했을지도 생각해 달라는 것이다. 인간적으로 그럴 것이라 믿고 이야기를 시작하겠다.

내 취미 중 내가 가장 몰입하는 것이 고문화재(古文化財) 즉 골동품이다. 그런데 그 길은 가면 갈수록 오리무중으로 미로와 같았다. 수 차에 걸쳐 사기를 당하고도 정신을 차리기는커녕 결혼반지를 헌 개밥그릇(우리 마누라 표현)하고 바꿔 와 한 달여를 마누라를 벙어리로 만들어 놓기도 했으니 일러 무엇 하겠는가! 그런 나를 평소에 안타까워하시던, 내가 존경하던 한 스님께서 대학에서 문화재를 전공하고 계시는 분을 소개해 주셨다. 소개받은 그분은 자신은 문화재와 결혼을 했다며 독신으로 지내시는 분으로 나보다는 두어 살 연상이셨다. 몇 번 뵙는 사이 문화재에 대한 그분의 탁월한 지식과 열정을 존경하지 않을 수 없었다. 그분 역시 아무것도 모르면서도 죽자사자 매달리는 미욱한 내 모습이 안타까웠던지 아니면 귀여웠던지(?) 공사가 아주 바쁘신 분임에도 찾아가 뵙고 지도를 청하면 친절하게 지도해 주셨다.

　가수들을 제일 좋아하면서도 부러워하는 사람들은 음치들이듯, 사람들은 자신의 관심이 깊은 분야에 대한 전문가를 만나면 솔직히 멋있게 보이고 존경스러워 보인다.

　그러던 어느 주말 전문가들의 옛 도자기 가마 답사길에 나도 동참할 기회가 주어졌다. 함께 동행할 두 분도 역시 타 대학에서 문화재를 전공하시는 분들이니 나에게는 정말로 행운의 답사길이었다. 그런데 당일 약속한 장소로 나가보니 타 대학에서 오시기로 했던 남자 선생 두 분은 근무 중인 대학에 다급한 사정이 발생하여 불참하시게 되고 우리 두 사람만 가게 된 것이었다. 일박이일 일정으로 현지의 담당 공무원들까지 약속되어 있던 터라 가지 않을 수도 없었다. 그분께서 누구 차인지 차 키를 건네주시며, "내가 운전을 못해요. 우리 김 선생은 운전 잘하지요?" "⋯⋯. 아니요, 저도 운전이 서툴러서" 하고 머뭇거리니 "괜찮아요. 천천히 가지요, 뭐. 시간도 충분한데" 하시며 운전석 옆자리에 올라앉으셨다. 평상시 그분 앞에서 상남자 행세를 했던 나는 이러지도 저러지도 못하고 하늘만 쳐다보고 있었다. 내가 운전을 못하리라고는 상상도 못하신 그분께서 "빨리 출발해요" 하고 재촉을 하셨다. "내가 운전을 못한다니까요" 하며 소리를 지르고 차 키를 운전석에 던져 놓고는 뒤돌아서 와 버렸다. "김 선생, 김 선생"하고 당황한 목소리로 부르는 그분을 뒤에 두고 뒤돌아보지도 않고 걸으며 어찌 운전도 하지 못하는 스스로를 자책하지 않았겠는가. 그리고 그 뒤로도 몇 날 며칠을 가슴을 치며 원통해 했던 나에게 여러분은 돌을 던질 수 있겠는가?

그분과는 어찌 되었느냐고요? 비밀입니다. 묻지 마십시오.

산상 편지

- 김홍빈 대장을 기리며

 방금 베이스 캠프와 마지막 통화를 하였습니다. 추위는 점점 더 엄습해 오지만 아직 정신은 무척 맑습니다. 이제 머지않아 날 데려갈 졸음이 찾아오기 전에 인사를 해야 할 것 같아 글을 남깁니다.

 먼저 머리 숙여 사과드립니다. 돌아가지 못해 죄송합니다. 저를 기다리는 많은 분들을 생각하면 여기 이렇게 있다는 사실이 미안하기만 합니다. 지금의 저를 있게 해 주신 부모님과 가족, 지인 분들 그리고 함께 고락을 나누었던 산악인들, 특히 모든 장애우들께 죄송합니다. 다른 이들이 우리를 장애인이라 불렀지만 우리는 스스로를 상애인이라 생각한 적이 없었습니다. 그냥 다른 이들과 조금 달랐을 뿐입니다. 제가 이 산을 오른 가장 큰 이유도 우리도 당신네들과 다르지 않음을 알려 주고 싶어서였는지도 모릅니다. 그래서 더욱 미안합니다. 돌아가지 못하는 저를 용서해 주시기 바랍니다. 저를 용서해 주신다면 알려드릴 사실이 하나 있습니다.

 지금 저는 여기에 이렇게 있지만 앞으로는 여러분이 계시는 그곳에 활짝 웃고 있을 것입니다. 행여 제가 보고 싶거나 그립거든 늘 숙이고 사시던 고개를 조금만 더 하늘로 향하여 드시고 저 멀리를 바라보십시오. 그곳에는 푸른 산이 있을 것입니다. 언제나 그곳에 있었지만 우리가 미처 보지 못했던 산! 여러분의 눈길이 머무는 바로 그 산에 제가 있을 것입니다.

저는 산을 정복하기 위해 산을 올랐던 적이 없습니다. 늘 산을 닮고 싶어 산에 올랐습니다. 거친 삶에 힘겨워하는 이들에게는 위로를, 행복해하는 사람에게는 축복을, 병마에 시달려 지친 이들은 품에 안아 건강을 돌려주던 산! 저도 그런 산을 닮고 싶어 여기에 왔고 이제 비로소 산이 되려 합니다.

저 때문에 슬퍼하지 마십시오. 여러분의 삶이 외롭고 힘들면 언제라도 저를 찾아오십시오. 그러면 버선발로 마중 나가 그냥 말없이 따뜻하게 안아 드리겠습니다. 행여 행복에 겨워 죽을 지경이신 분들이 계시거든 그분들도 저를 찾아 주십시오. 그럼 여러분과 함께 춤을 추겠습니다. 그리고 여러분의 행복을 조금 덜어 꼭 필요한 분들과 나누어 여러분의 행복이 더 큰 축복이 되게 하겠습니다.

다시 한번 사죄합니다. 돌아가지 못해 죄송합니다. 용서해 주십시오. 여러분과 함께여서 저는 행복했습니다. 사랑합니다. 사랑합니다.

추신 : 뉴스를 통하여 김 대장의 실종 소식을 접하였다. 한 번도 만난 적은 없지만 잘려진 김 대장의 열 손가락을 보니 가슴이 저려 왔다. 그래도 감히 그분의 목소리를 빌린다는 것은 엄두도 나지 않는 일이었다. 하지만 김 대장이 산행 전에 유언처럼 행여 자신이 실종되면 수색하는 다른 이들의 안전을 위해서 자신을 오래 찾지 말라는 전언에 이제 그는 산이 되어 늘 우리 곁에 있음을 직감할 수 있었다. 한 번도 본 적 없는 그가 못 견

디게 그립다. 그를 만나기 위해 아픈 무릎을 끌고서라도 산에 올라야겠다. 그의 품에 안겨 나도 그처럼 산이 되고자 결심하면서 그의 목소리를 빌려 이 글을 작성하였다.

동네 병원들

　세상사 흘러가는 순서는 모든 사람이 다 정해진 틀에서 크게 다르지 않은 것 같다. 육십 중반에 이르도록 그 흔한 혈압약, 당뇨약 한 번 안 먹고 살아왔는데 어느 날 몸 좀 무리하게 놀렸더니 무릎이 퉁퉁 붓고 심한 통증이 찾아왔다. 이런 일이 다 나이 들어가는 절차려니 여기고 정신없이 바쁜 중에도 치료차 잠시 귀국하였다.

　그런데 이게 무슨 조화란 말인가? 그렇게 건강하던 아내가 자기도 무릎이 엄청 아프다며 죽을상이다. '내 참 부창부수도 유분수지, 따를 걸 따라야지 하필이면 아픈 걸 따른단 말인가? 그것도 똑같이 왼쪽 무릎을!' 아내는 사십 대부터 구청 마라톤 모임 간부직까지 맡아 거의 매일 5킬로씩 구보를 하며 살았다. 어쩌다 비라도 내려 쉰 날에는 잠이 오지 않는다는 마라톤 마니아였다. 그뿐 아니라 매년 두어 번씩 마라톤 대회 하프 코스에 출전하는 일을 가문의 영광으로 아는 사람이었다. 이런 사람이 무릎이 아프다니 원인이야 보지 않아도 뻔한 일 아니던가. 냅다 소리부터 질렀다. "내 그럴 줄 알았다. 나이 든 줄 모르고 선머슴 널뛰듯 뛰어 다니더만 쯧쯧, 분수도 모르고 마라톤은 무슨 마라톤" 하며 아픈 사람에게 심하다 할 정도로 목소리를 높였다.

아내는 평소 십여 층 정도는 엘리베이터도 타지 않고 걸어 다녔다. 그러면서 운동을 지독히도 멀리하는 날 게으름뱅이 취급했다. 아내의 잘난 체에 대한 속 좁은 뒤끝도 약간은 작용했겠지만, 그것보다는 십여 일 계속해서 통증이 있었으면 당장 병원 진료를 받아 볼 것이지 진통제 사 먹고 파스 붙여놓은 어리석은 모습에 더 화가 난 것이다.

동네 정형외과를 찾아간 두 부부가 부은 무릎에서 커다란 주사기로 물을 빼내고 물리치료실에 나란히 누워 치료를 받으니 이런 것도 천생연분이란 말인가? 나는 두어 번 더 병원에 다니며 치료받고 처방받은 약을 복용하니 보행에 불편이 없을 정도로 좋아졌다. 그런데 아내는 처음보다 통증은 덜하나 불편한 것은 여전하단다. 장기간 치료가 필요하다는 의사의 처방을 지시대로 잘 따르라 이르고 일터인 중국으로 돌아왔다.

간간이 하는 통화에도 이내는 그만그만하다고 했나. 두어 날 뒤, 귀국길에도 그만그만하다다 허기 다 닳아진 연골이 한두 번 치료로 좋아질 일도 아닌지라 그러려니 여기고 지나치고 말았다. 또 서너 달이 순간에 지나고 귀국하여 보니 그제는 무릎은 아예 굽히지도 못하고 걸음걸이마저 쫑쫑거리며 예전보다 더 못한 모습이다. 그간 병원에 다니지 않았느냐며 또 소리부터 질렀다. 기가 성할 때 같으면 눈이라도 치켜뜰 터인데 힘없는 목소리로 "지난 육 개월 동안 매주 병원 한 번도 빠지지 않았고 약도 지시대로 복용했다"며 고개를 떨어뜨린다. 이건 뭔가 이상하다 싶었다.

인터넷에서 대형 종합병원을 찾아 그간 사연을 기록하고 예약신청을 하였다. 종합병원에서 진료 날짜를 잡아 주었다. 당일 이런저런 검사 후, 종합병원 정형외과 전문의의 첫 마디가 자신은 도와줄 점이 하나도 없단다. 이게 무슨 말인가? 하는 우리에게 아내는 무릎연골도 뼈도 다 정상이라며 생소하게도 내과 진료를 권유하였다. 무릎 통증에 내과는 무슨 놈의 내과? 하고 반신반의는 했으나 워낙 유명한 병원의 전문의의 권유인지라 그대로 따를 수밖에 없었다. 내과 예약을 했더니 또 십여 일을 기다리라고 한다. 그러나 나는 이미 잡힌 약속 때문에 다리를 끌고 다니는 아내를 두고 출국을 하지 않을 수 없었다.

그 사이 아내는 아주 죽을 듯 심한 통증 때문에 할 수 없이 그간 다녔던 동네 정형외과를 찾아 그간 사정을 이야기하였다. 그랬더니 동네 정형외과 원장이 약 처방을 해주며 혼자 말로 "나도 다음 달부터는 류마치스 치료를 하려고 했는데…." 하더라며, 급한 일만 보고 귀국한 나에게 이른다.

처음 동네 정형외과를 갔을 때 엑스레이를 비롯한 이런저런 검사 후 내린 진단명이 퇴행성관절염이었다. 그런데 종합병원 정형외과에서는 자신들과는 아무런 연관도 없다니 이일이 어떻게 돌아가는 것인지 도대체 알 수가 없었다. 드디어 나온 내과 진료 결과는 병명도 처음 들어본 '강직성 척추염'이었다. 적절한 치료를 하지 않으면 온몸이 대나무처럼 굳어져 가는 무서운 병이란다. 그러면서 그동안 다녔던 동네 정형외과 진료 일지를 확인하던 내과 전문의가 아내에게 한마디 한다. "아이고 어머님은 같은 병원을 육 개월씩이나 다니셨네요. 의리가 참 좋으신 분이시네요." 칭찬인지 비아냥거림인지 모르겠다.

집에 돌아온 길로 동네 정형외과에 항의하려고 나서니 단순하고 급한 내 성격을 잘 아는 아내가 죽기 살기로 말린다. 다행히 아직 치료가 가능하다니 좋은 일 하는 셈 치고 가만 두잔다. 생각할수록 기가 막힌다. 아무리 동네 병원이래도 그렇지 전문의는 전문의인데 한두 달도 아니고 육 개월 동안 수 차 무릎에서 물을 빼내고 연골주사에 물리치료를 하며 사람은 사람대로 고생시키고, 진짜 무서운 병의 치료 시기마저 놓치게 할 수 있단 말인가? 자신의 이익을 위해서 그랬는지 아니면 정말 무슨 병인지 몰라서 그랬는지 모르지만, 그간 지녀왔던 의사들에 대한 믿음이 한순간에 와르르 무너져 내렸다. 아무리 험한 세상이래도 교사와 의사는 선생님이라고 부르며 존경을 보내는 것은 다 그만한 이유가 있어서라고 믿고 살았는데 뭔가를 잃어버린 듯 허전함마저 들었다.

아내는 내과에서 처방해준 약을 복용한 후 무릎에 물도 차지 않고 보행도 훨씬 수월해졌다고 좋아했다. 그런데 오늘 오후 갑자기 한쪽 눈이 충혈되어 안개가 낀 듯 부옇게 보인다고 하소연한다. 종합병원에서 강직성 척추염 환자는 급성 포도막염 등의 안과 질환이 있을 수 있으니 눈에 통증이 있으면 즉시 안과 진료를 받아야 한다는 주의를 받은지라, 동네 병원들에 대하여 믿음도 신뢰도 다 없어져 버리긴 했지만, 늦은 시간 때문에 하는 수 없이 동네 안과병원을 찾아갔다. 퇴근시간이니 낼 오라는 안과병원 원장이 강직성 척수염이라는 말이 끝나기도 전에 안압부터 확인하더니 급 처방을 내린다. 보통 사람의 안압은 10에서 20 사이인데 아내의 한쪽 눈 안압이 60에 가깝다며 조금만 늦게 왔어도 시력을 잃을 수도 있는 위급한 병이라며 주의를 준다. 그러면서 두어 시간 후인 저녁 무렵에 다시 오란다. 퇴근하지 않느냐고 물었더니 이 병은 초기 치료가 아주 중요하니 약 복용 후 결과를 확인해야 한다며 자신이 조금 늦게 퇴근하겠단다. 자기 일인 양 진심으로 걱정하며 위로를 해주는 동네 안과를 나서며 저만치 있는 정형외과를 바라보니 말 그대로 만감이 교차한다. 그런 내 마음을 아는지 모르는지 철딱서니 없는 아내가 뒤따르며 쫑알거린다.

"거봐, 마라톤 하고는 아무 상관이 없잖아!"

방제명 전(方濟名 傳)

 그는 여느 날처럼 빈 박스 두어 개만 덜렁 실린 커다란 손수레를 밀며 끊임없이 중얼거리고 있었다. 그로부터 십여 미터 거리를 두고 팔, 구세 되어 보이는 아이들 서넛이 "빵거지! 빵거지!"를 연호하고 있었다. 아이들의 그런 모습은 놀림이라기보다는 마치 유세하는 정치인들 곁에서 품팔이하는 선거 도우미들처럼 보였다. 가끔 그가 뒤돌아서 아이들을 향하여 미소를 지으며 한쪽 팔을 천천히 흔들어 주는 모습도 아주 자연스러웠다. 처음 보는 사람들에게는 구경거리가 될법한 모양새였다. 다만 흐드러지고 엉킨 머리카락과 땀 먼지 자국이 흘러내린 얼굴, 그리고 이내 돌아오는 공허한 눈빛은 그가 결코 정상인은 아님을 짐작하게 해주었다. 그가 중얼거리는 소리는 대중이 없었다. 어떨 때는 웬 숫자를 계속해서 외워대다가 누구에게인지는 모르지만 욕이란 욕은 다 저주하듯 퍼붓다가도 그리스도교 사도 신경처럼 들리는 기도문을 외우며 머리를 조아리기도 하였다.
 아이들에게 그의 이름이 되어버린 '빵거지'도 알고 보면 사연이 있는 호칭이었다. 그가 어릴 적 어머니를 따라다니며 성당에서 받은 세례명이 프란치스코였다. 당시는 세례명을 영어 대신 중국 가차 표기로 부르다 보니 외국인 사제가 '빵지거(方濟名)'로 불렀고 팡지거, 즉 방지거가 아이들에

의해 '빵거지'가 된 것이다.

그는 거의 매일 성당 미사에 참석하며 성체를 모셨다. 한때는 고지식한 한 사제가 그에게 성체를 분배하는 대신 한 손을 머리에 얹고 잠시 축복하는 것으로 대신하였는데 그는 그 후로 성체를 모시고도 머리에 손을 얹는 축복을 청하여 사제들은 그에게만은 두 가지를 다 해주지 않을 수 없었다.

마른 몸에 키까지 큰 그가 걷는 모습은 마치 대나무가 바람에 흔들리는 것처럼 보였다. 그의 몸 둘은 들어갈 것 같은 낡고 빛바랜 조끼의 큰 주머니에는 늘 빵과 과자 부스러기가 들어 있었다. 동네 구멍가게나 최근에 등장한 마켓 등에서 잡일을 해 주면 가게 주인들은 일당 대신 빈 박스와 유통기간이 넘거나 임박한 빵과 과자 등을 쥐여 주었다. 그리고 그것들은 그를 따라다니는 아이들이나 떠돌이 개, 길냥이, 심지어는 쥐들까지 포함된 짐승들의 몫이 되기도 했다.

어느 날은 같은 교우인 경양식 가게 주인의 청으로 식사 대접을 받았는데 비후가스에 함박스테이크 그리고 곁 손님이 먹고 있던 오므라이스를 보고 그것까지 한 그릇 청하여 삼 인분을 단숨에 해치워, 행여 과식으로 탈이나 나지 않을까 주인을 걱정하게 하였다. 그런다고 그가 굶고 사는 것은 결코 아니다. 사실 가게나 식당 등에서는 그를 기다리는 주인들이 적지 않았다. 김치에 밥 한 그릇에도 설거지에 청소며 궂은일은 마다하지 않고 다 처리해 주니 반기지 않을 리가 없었다.

세월이 흐르다 보니 그의 과거를 아는 사람들이 하나둘 나타나기 시작하였다. 그들의 기억에 의하면 그는 중학교 입학시절까지만 하더라도 아주 총명한 아이였다. 당시는 중학교도 입학시험을 치르던 시절이었는데, 삼대에 복을 쌓아야 들어간다던 그 도시 최고의 명문중학교에 당당히 합격할 정도였다. 그런데 문제가 발생했다. 그의 중학교 입학식을 며칠 앞둔 날이었다.

그의 아버지는 육이오 참전 용사로 지금도 총탄이 서너 개가 가슴팍, 허벅지 등에 박혀 있어 날만 흐리면 날궂이를 하였다. 그런 날이면 인사불성이 되도록 술을 마셨고, 그가 술을 마시는 날이면 온 집안은 쑥대밭이 되었다. 특히 아내에 대한 폭행은 도를 넘어 팔이 부러지고 머리가 터지는 경우가 허다하였다. 눈에 띄는 아무거나 들고 아내를 때리며 "이 공산당 빨갱이 년!" 하고 사정을 가리지 않고 휘둘러댔다.

사실 방지거 외가에는 해방 후 좌익운동을 하다가 빨치산이 된 친정붙이가 두엇 있었다. 빵거지 위로 형이 둘 있었다. 큰형은 몇 해 전, '니 어미가 빨갱이와 붙어먹어 낳은 빨갱이 새끼'라며 어머니와 자신을 때리는 반은 미쳐버린 아버지와 맞서다가 토방 위에서 아버지를 밀쳐버렸다. 그런데 재수 없게도 마루 밑 댓돌 위로 넘어지는 바람에 그의 아버지는 고관절이 부러져 한동안 병원 신세를 지고도 한쪽 다리를 조금 끌고 다니는 신세가 되었다. 그후 가출한 큰형은 고등학교도 졸업하지 못하고 군 하사관에 지원 입대하여 가족과는 멀어져 버렸다. 특히 머리가 좋은 둘째형은 동급생의 가정교사가 되어 그 집으로 입주하고 나니 집에는 모주꾼 아버지와 큰형의 가출 후 아예 말이 없어져 버린 어머니, 그리고 어린 방지거만 남게 되었다.

아버지의 폭행은 계속 이어졌다. 그런 날이면 어머니는 술에 떡이 되어 잠든 남편을 증오에 찬 눈으로 바라보며 어린 방지거를 안고 "너만 고등학교 졸업하면…"하고 중얼거렸다. 방지거가 중학교에 합격하고 둘째 형이 의대에 합격한 그해 그의 어머니의 얼굴에는 오랜만에 화색이 돌았다. "오매! 그 고생하며 살더니 이제 방지거 어매 살판났네, 고생했네, 고생했어!" 하는 동네 사람들의 부러움에 찬 인사를 받으면서부터는 머리에 기름도 바르고 비록 남에게 얻어온 것이지만 얼굴에 뭣도 찍어 바르고는 하였다.

그렇게 모처럼 봄날같이 훈훈한 순간이 지나가고, 그날은 방지거가 둘째 형으로부터 중학교 새 교복을 얻어 입은 날이었다. 어머니가 이웃집에서 얻어온 교복은 소매를 두어 번이나 접고도 포대 자루를 씌워놓은 듯 크고 낡았지만, 그것을 입고도 좋아라하는 동생을 본 둘째 형이 그의 손을 잡고 가서 새 교복을 사 주었다. 새 교복에 모자와 운동화, 그리고 난생 처음 극장이라는 곳에 가서 미국 서부 활극 영화까지 본 후 국화빵 한 봉지를 얻어 들고 집에 들어서는데, 뭔가 집안 분위기가 이상했다.

넓지도 않은 마당에는 어머니가 그렇게 아끼고 닦던 장독이며 고추장 단지가 산산조각이 나 널부러져 있고, 마루에 앉은 어머니는 머리를 산발하고 얼굴은 알아볼 수도 없을 만큼 피멍으로 부어오른 채 그가 돌아온 것도 모르고 미친 사람처럼 울다가 웃다가 하고 있었다. 놀란 그는 국화빵 봉지를 내던지고 집밖으로 내달려 집에 저만치 돌아가는 둘째 형을 숨차게 불렀다. 머리가 깨져 의식도 없이 피를 흘리고 있는 아버지를 형이 업고 동네 병원으로 내달렸다. 아버지의 상태를 본 동네 병원의사가 대학병원으로 가라며 받아 주지도 않아 택시를 불러 타고 그에게는 집에 가 있으라 하였다.

집으로 돌아와 쪽문을 열고 들어서는 순간, 그의 눈에는 좀 전 정신없이 내던져 버린, 간장에 젖은 국화빵 봉지와 들보에 매달려 힘없이 흔들거리고 있는 어머니의 버선이 동시에 눈에 들어왔다. 방지거는 다음날에야 병원에서 깨어났다. 병원에서 보낸 며칠 동안 한 손에는 간장에 절은 국화빵 봉지를, 다른 한 손에는 어머니의 버선 한쪽을 한 번도 놓지 않은 채 꼭 쥐고 있었다.

며칠 후 그와 둘째 형 그리고 동네사람들 서너 명이 경찰서에 불려갔다. 당일, 동네 주막집 골방에서 술에 취한 채 도박을 하던 그의 아버지를 어머니가 실성한 사람처럼 찾아와 다짜고짜 멱살을 잡고 "이놈아 돈 내놔라, 돈 내놔. 그 돈이 뭔 돈이라고 이놈아" 하며 악을 쓰는데 한 손에는 날이 선 부엌칼이 들려 있었다. 그리다가 도박판에 널린 돈을 미친 사람처럼 훑어 품에 안았다. 전에는 한 번도 없던 일이었다. 집문서는 이미 달포 전에 노름빚, 술값으로 고리채 장수에게 넘어가 집을 비워 달라는 재촉을 받는 중이었고, 수년 동안 된장독 안에 숨겨 모아온 돈, 며칠 후 마감되는 아들들의 대학, 중학교 등록금은 도둑을 맞아버렸다. 어머니는 그 길로 노름판으로 달려갔다. 놀라 당황한 사내가 어디서 힘이 났는지 한쪽 다리를 절면서도 아내의 머리채를 질질 끌고 집으로 돌아갔다. 증거물로 채택된 빨래방망이에서는 남자의 피뿐만이 아니라 아내의 피도 여러 곳 묻어있었다. 둘이서 방망이로 실랑이를 하던 중, 마지막에 아내가 남자의 머리를 쳐서 벌어진 일이었다.

 휴가를 얻어 온 큰아들은 경찰서 허락이 떨어지기까지 한참이 걸린 후에야 치르게 된 어머니의 장례 후로 한 번도 병원에 있는 아버지를 찾지 않았다. 빚잔치로 살던 집을 비워주고 산 밑, 폐가 비슷한 집으로 이사를 해주고 형은 귀대했다. 둘째 형은 의대를 포기하고 공무원 시험을 쳐서 동사무소 직원이 되어 살림을 책임졌다. 뇌출혈로 온몸이 마비되어 버린 아버지의 일 년 가까운 병원 생활은 오롯이 방지거의 몫이었다.

 그때부터 방지거는 정상이 아니었다. 종일 말 한마디 안 하다가 시도 때도 없이 큰 소리로 웃어 주위 사람들을 불안하게 하였다. 그런데 신통방통하게 아버지의 병간호에는 한 치 소홀함이 없어 간호사 선생들에게 모범 간병인으로 불렸다. 대소변은 말할 것도 없고, 하루에 서너 번 마비된 아버지의 온몸을 뒤집어 가며 닦고 통풍을 시켜 입원 서너 달이면 누구나 겪는다는 욕창 한 번 생기지 않았다.

 어머니 장례식 며칠 후 아버지는 의식이 돌아왔다. 방지거의 간호 덕분인지 서너 달 후는 오직 방지거만 알아들을 수 있는 옹알이도 하였다. 그런데 아버지의 병세가 좋아지는 만큼 방지거의 정신 이상은 조금씩 더해갔다. 종일 아무것도 먹지 않다가도 다음날은 폭식을 하는가 하면, 밀걸레를 들고 병원 한 층을 다 밀고 다니는 등 굳이 누구에게 피해는 주지 않지만, 암튼 정상이 아니었다.

 방지거는 간호사 선생들의 권유로 정신과 치료를 받기로 하였다. 초기 정신분열증이라는 진단을 받았다. 아버지는 걷지는 못해도 엉덩이로 밀고 다닐 정도로 증상이 호전되자 더 이상 입원치료는 불필요하다는 주치의의 권유로 퇴원을 하였다. 한밤중에 귀를 막고 소리치는 방지거의 이상행동 때문에 병원 당국에 수시로 항의하던 같은 병실 환자와 가족들의 원성도 한몫했을 것이다.

집으로 돌아온 다음 해 둘째 형도 입대를 하였다. 가사 사정으로 군 면제를 신청하였으나 받아들여지지 않았다. 두어 달에 한 번씩 얼마 안 되지만 큰형이 보내오는 생활비와 동사무소 직원의 이런저런 보살핌으로 먹고사는 데 큰 지장은 없었다. 다만 방안에서 지르는 아버지의 괴성과 쪽마루에서 귀를 막고 내지르는 방지거의 괴성으로 전쟁 같은 나날의 연속이었다.

해가 흘러 둘째 형이 군을 마치고 직장으로 복귀한 얼마 후 여자 한 명을 데리고 함께 집에 왔다. 그런데 여자를 본 아버지가 뒤틀린 입으로 괴성을 질러 여자를 혼비백산하게 만들었다. 게다가 아비지의 괴성에 방시거도 같이 소리를 질렀다. 다음날 돌아온 둘째 형이 방지거의 손을 꼭 잡고 "미안하다. 자주 들리마" 하고는 자신의 짐을 챙겨 나갔다.

자신의 머리카락을 쥐어뜯어 피까지 흘리는 등 심해져 가는 그의 정신분열증이 호전된 계기는, '구루마'라고 불리는 손수레 덕분이었다. 무더운 어느 날 방지거는 집 앞 언덕바지 오르막길에서 이삿짐이 가득 실린 커다란 손수레를 끌며 전전긍긍하던 어떤 노인의 뒤를 밀어주고 이삿짐 운반까지 거들어 주었다. 노인이 잔돈 몇 푼을 방지거의 손에 쥐어 주었는데, 그 뒤로 손수레 만 보면 앞뒤 가리지 않고 쫓아다니는 것이었다. 이 이야기를 전해 들은 그의 형이 손수레를 장만해 주었고, 방지거의 새로운 삶이 시작되었다.

그의 아버지는 집밖 출입은 못하나 엉덩이를 밀고 방과 마루 정도는 움직였다. 한쪽 팔은 어쭙잖은 모습이기는 하지만 반은 접을 수 있어 먹을 것을 해 놓으면 집어 먹을 정도가 되었다. 방지거는 매일 아침이면 아버지 간병 갈무리를 해 놓고 자기보다 더 큰 손수레를 밀며 온 도시를 돌아다니는 것이 그 일과가 되었다. 돌아다니다 보면 짐 운반을 부탁하는 사람, 궂은 일을 시키는 사람 등등 별별 사람이 다 있었다. 그 대가로 그들은 맘 내키는 대로 그에게 잔돈이나 빈 병, 파지 등을 내어 주었다. 오후에는 잠깐 집에 들어와 엉망으로 만들어 놓은 방 정리를 해 놓고 다시 시내를 떠돌았다.

두어 달에 한 번씩 아버지 병원 가는 일도 식은 죽 먹기가 되었다. 전에는 그의 형까지 와서 싸우듯이 데려가던 일이 이제는 방지거가 아버지를 번쩍 안아 들고 수레에 올리기만 하면 끝이었다. 쳐다보는 사람들을 향하여 알아듣지도 못하는 괴성을 지르는 아버지를 수레에 태우고 홀로 뭔가를 좋알거리며 수레를 밀고 가면, 아이들은 그의 뒤를 따르며 "빵거지 빵 주라, 빵거지 빵 주라"를 외쳐 대었다. 이를 본 동네 노인들이 '쯧쯧 그래도 지 애비라고' 하는 소리를 두어 번 들은 이후 그 말이 방지거의 독백에 추가되었다. 누군가를 향하여 욕이란 욕은 몽땅 좋알거린 후 마지막에 '그래도 지 애비라고' 하는 것으로 마무리하는 것을 보면, 어쩌면 그 욕은 자기 아버지를 향한 것인지도 모를 일이다.

그렇게 수레를 밀며 살아가던 수삼 년 동안 방지거가 거르지 않은 일이 있었으니, 평일에는 오전 열 시, 주일날은 열한 시가 가까워지면 성당으로 달려가는 일이었다. 한 번은 남의 짐을 손수레 가득 싣고 운반하던 중 막무가내로 수레를 밀고 교회로 가버려 교회에 다니지도 않던 짐 주인은 꼼짝없이 교회에서 삼십여 분을 기다려야 한 일도 있었다. 간혹 들르는 교회 봉사반원들이 방지거의 집을 다녀오면 모두가 그를 향하여 엄지손가락을 들어 주었다. 비록 자신의 차림새는 추레했으나 병중인 그의 아버지의 입성이나 거처하는 방안은 여느 노인에 비해도 조금도 뒤지지 않을 정도로 정갈하였다. 그렇게 보통 사람들과 가까이도 멀리도 아닌 자신만의 공간에서 살아가던 방지거가 사람들로부터 멀어지는, 아니 소외당하는 일이 생기고 말았다.

  날이 궂어 약간씩 비가 뿌리던 날이었다. 급히 집으로 돌아가던 방지거가 발걸음을 멈춘 곳은 사람들 왕래가 뜸한 한 골목길이었다. 고등학생쯤으로 보이는 아이들 댓 명이 한 아이를 엎드려 놓고 몽둥이로 엉넝이를 때리고 있는 것을 보았다. 방지거가 두 팔을 내저으며 그들에게 달려들어 다짜고짜 몽둥이를 빼앗으려 하자 그들 중 하나가 피우던 담배를 그의 얼굴에 튀기며 "이 거지새끼가! 저리 안 꺼져!" 하며 거칠게 밀쳐냈다. 그래도 막무가내로 몽둥이를 붙잡고 놓지 않자 서너 명이 집단으로 그에게 뭇매를 가하였다. 방지거가 맞아 넘어지면서 주워 든 돌멩이를 휘둘렀다. 그 바람에 그중 한 명이 머리를 맞아 열댓 바늘을 꿰매야 하는 불상사가 발생했고, 방지거는 경찰서에 유치되었다. 그렇게 맞으면서도 놓지 않던 몽둥이는 경찰관이 출동하고서야 놓아 주었다. 며칠 후 다행히 당하고 있던 아이의 증언과 그의 정신상태가 감안되어 훈방되었다.

그러나 발 안 달린 소문, '빵지거가 미쳐 사람을 죽일 뻔하였다'는 소문은 빨리도 퍼졌다. 원래 소문이란 그런 것이지만 소문에 소문이 더 하여 종내는 방지거가 완전히 미쳐 사람을 병신 만들어 버렸다는 데까지 이르자 차츰 사람들이 그를 피하기 시작하였다. 그를 따라다니던 동네 아이들의 숫자마저 현저히 줄어들었고 어쩌다 '빵거지, 빵거지' 하며 놀리는 아이들에게 간식거리를 내밀어도 자기 부모들에게 교육을 받은 아이들은 놀리기만 할 뿐 받으려 하지 않았다. 날이 지날수록 그의 눈은 빛을 잃어갔다. 차츰 누가 불러도 알지 못하는 멍한 상태가 심해져 갔다. 지난 수 해 동안 거르지 않던 성당의 미사 참여도 하루가 이틀 되고, 이틀이 열흘로 줄어들었다. 서너 달에 한 번씩 다니던 정신병원도 가지 않았다. 그 형의 치료 권유도 거부하다가 종래는 형이 찾아와도 문도 열어주지 않았다. 처음에는 여러 사람이 그를 걱정하며 관심을 갖는 듯했으나 시간이 흐르자 그도 차츰 잊혀 갔다.

한동안 모습이 보이지 않는 방지거를 교회의 봉사단원들이 찾아간 날, 거리에는 흥겨운 크리스마스 캐롤송이 흘러넘치고 있었다. 응답이 없는 집 담을 넘고 억지로 방문을 열고 들어섰을 때, 방에는 미라처럼 마른 방지거와 그의 아버지가 손을 잡은 채로 나란히 누워 있었다. 정확한 사인을 위해 부검을 실시한 경찰서 담당자의 말에 의하면, 발견되기 며칠 전에 사망한 방지거는 암 종양이 전신에 퍼져 있었고, 그의 아버지는 방지거보다 십여 일 전 이미 사망한 것으로 확인되었다고 했다.

그런데 그의 사후 한동안 이상한 소문이 돌았다. 그날 방문한 봉사자들이 중심이었다. 그들이 방지거의 방에 들어설 때 그렇게 추운 날씨에다 한 동안 불맛도 보지 못한 방안이었건만, 막 난방을 한 듯 포근하기까지 하였으며 여태껏 맡아본 적 없는 은은한 장미향이 온 방에 넘쳐났다는, 믿거나 말거나 한 소문이었다. 그러나 손바닥만 한 마당 한 편에 뒤틀린 바큇살에 바람 빠진 채 놓여있는 빵거지의 손때 절은 손수레를 눈여겨 본 사람은 아무도 없었다.

내가 바라본 나의 이야기

– 사람 보는 눈

 그동안 내가 보고 듣고 경험한 것들로 글을 써 본 적은 있지만 정작 내 자신에 대한 것들로 글을 써 본 적이 없어 이 차시에 한 번 써보기로 했다. 이미 눈치 있는 분들은 짐작하셨겠지만 뭔가 글을 쓰긴 써야겠는데 뭘 쓸지 도대체 생각이 안 나 궁여지책 끝에 내린 결정이며 또 한 편으로는 좀 쑥스럽지만 글 간간이 내 자랑도 할 기회가 주어질 것 같아 그럴듯하다는 결론을 내렸다.

 본론에 들어가기 전에 알림 한마디를 하지 않을 수 없다. 본디 글쓴이가 자기 자랑 등 자신의 이야기를 끝없이 주절거리는 그 자체가 이미 우스꽝스러운 일임을 모르지 않으실 터, 글을 읽다가 재수가 없다는 생각이 드시면 '지~랄' 또는 '엠~뱅' 정도 하시고 덮어 달라는 부탁이다. 그 이상의 평은 '지~랄' 같은 글을 쓴 나보다도 그런 글을 끝까지 읽고 있는 독자가 더 '엠~뱅' 같은 경우일 터이니!

 오늘 하고자 하는 첫 번째 이야기는 사람 보는 눈에 관한 것인데, 나에게는 사람 보는 눈이 두 가지가 있다. 사람을 보는 방법이 아니라 내 눈에 뜨이는 경우가 두 가지가 있다는 말이다. 첫 번째는 나에게 손해를 끼치는, 즉 전혀 도움이 되지 않는 사람을 보는 눈 수준은 야밤에 달도 별도 없어

제 발등도 보지 못하는 그런 정도이다. 그래 놓으니 당사자인 나는 그렇다 치더라도, 그런 사람의 말을 믿고 행동으로 옮긴 결과는 오로지 내 가족과 나를 믿어준 지인들의 몫이 되더라는 것이다.

내 삶에서 숱했던 그런 일 중 하나만 이야기해 보자. 중국에서 어찌어찌 하다 보니 분수에 넘치는 꽤 큰 식당을 운영하게 되었다. 전력투구를 다해도 될까 말까 한 일을 아이들을 지도하는 본업을 하면서 하는 부업 형태였으니 더 말해 뭣하겠는가? 결론은 당근, 독자 여러분이 상상한 대로의 결말이었다.

그런데 이야기의 시작은 이제부터다. 식당을 접고 두어 해 지났을 무렵, 교회 한 자매가 날 찾아왔다. 중국 어느 사업가가 날 꼭 좀 보자고 한다는 것이다. 얘기인즉, 그 자매의 지인으로 여행업을 크게 하는 중국인 사업가의 주 고객은 한국인 단체 손님이다. 그래서 한국식당을 하려고 하는데 내가 운영했던 식당의 김치 등 한국 음식 레시피를 전수받고 싶다는 것이었다. 처음에는 지나가는 이야기로 스쳐 듣고 말았는데, 두세 번 거푸 하는 부탁에 거절하지 못하고 중국인 사업가를 만나게 되었다.

그런데 첫인상부터가 '영 아니 올시다' 하는 느낌이었다. 그럼 적당히 자리를 끝내고 일어서야 마땅한 일을, 예의 그 설마가 작동되어 고개를 끄덕거리고 말았다. 그리고 그 결과 상상을 초월한 대가를 치르게 되었다. 경제적인 피해도 적지 않았지만, 그보다 부당하게 당했다는 자괴감에 나중에는 '저 인간을 죽이고 나도 죽어?' 하는 상황까지 이르게 되었다.

그러나 당시 내가 지도하고 있던 아이들과, 함께 생활하던 외손자의 안

전까지 싸잡아 협박을 하는 상대의 악독함에 눌려 놈과 결국 협상을 하고 말았다. 수 년이 지난 지금 생각해도 나 자신의 어리석음에 진저리가 쳐지니 아이쿠, 더 이상은 생각을 말자! 이 글을 읽은 사람 중, '좀 모자란 이 인간을 나도 좀 어찌해 볼까' 하는 분이 계시걸랑 꿈도 꾸지 마시라! 그 일 이후 하루 두 번, 꺼진 불도 아니 천사들도 다시 보자고 깊이깊이 반성하고 있으니.

이제는 반대되는 경우로 좋은 사람, 선한 사람을 알아보는 능력은 가히 알파고 수준이다. 선한 사람, 좋은 사람이라고 칭하는 기준 자체가 본디 애매하기 마련이지만, 내가 판단하는 좋은 사람이라는 기준은 첫 번째가 사람을 상대함에 있어 손익을 계산하지 않는 사람이다. 물론 나도 사람을 가리는 경우가 하나 있기는 하다. 그것은 술주정하는 이들이다. 술만 들어가시면 이미 들은 소리 끝없이 다시 듣게 하고, 상대를 가리지 않고 가르치려 들고, 조금 더 나가면 아무에게나 시비를 걸려드는 사람이다. 이런 사람은 딱 질색이다.

내가 만난 선하고 좋은 사람들은 부지기수이지만 그분 이야기는 하지 않을 수 없다. 그분과 수인사도 나누기 전 나의 레이더는 그분의 미소 하나로 '아! 참 좋은 분이구나' 하고 답하고 있었다. 두어 시간 함께 하는 승용차 안에서 처음 삼십여 분을 시종 조용히 다른 사람들의 이야기를 경청하셨다. 그러다가 먼저 그분을 알고 지내시던 다른 분이 그분의 과거사에 대하여 질문을 하시자 그때야 입을 여셨다. 그분의 삶은 자신이 속한 집단의 부패한 권력자들과의 투쟁에 관한 역사로 일관된 듯하였다. 기억도 없는 어린아기였을 때 산중 산사에 버려져 평생을 혈연단신 고아로 살아온 삶이니 자신이 속한 그곳이 부모요 형제요 이웃이었을 것이다. 그럼에도 힘 있는 자들과 결탁하여 부정과 부패가 만연한 책임자들을 향한 항거는 오체투지 수준이었다. 그러한 삶의 대가는 끝없는 고통이고 아픔이었을 것이다. 한 시간 가까이 이어진 그분의 말씀에 동승객들은 모두 숙연하기까지 하였다.

차가 목적지에 다 닿을 즈음, 말씀을 멈추고 조용하여 앞자리에 앉았던 내가 뒤돌아보니 그분은 숨소리도 고르게 졸고 계셨다. 언제 열변을 토하셨나 싶었다. 졸고 있는 그분에게서는 청명한 지리산 가을 단풍 내음이 짙게 흐르고 있었다. 좋은 사람을 만나 잠시라도 함께 하는 일은 그 무엇과도 바꿀 수 없는 힐링이며 행복임을 다시금 새기는 귀한 시간이었다.

내 이야기 첫 꼭지의 결론은 '사람 꼴 참 잘도 본다'는 자화사찬이다. 이는 나 혼자 만이 생각이 이니라 나보나 훨씬 현명한 한 친구가 나에 대하여 내린 평가이기도 함을 밝히는 바이다.

요즈음

1. 대가족 제도

　중국 상해에서 주재원 가족으로 지내는 큰딸이 제 두 딸을 데리고 설 명절을 쇠러 귀국하였다. 그런데 그놈의 코로나19 때문에 벌써 8개월째 제 신랑만을 현지에 남겨둔 이산가족이 되어 버렸다. 시집과 친정집을 번갈아 가며 지내는 딸의 표현에 의하면 '좋은 내 집 놔두고 서러운 난민적 삶'을 살고 있단다. 다행인지는 모르겠으나 발전된 과학 문명 덕택으로 매일 저녁이면 중국에 있는 애들 애비와 장시간 영상통화를 하며 이산가족의 아픔을 이겨내는 것 같다. 그런데 가족 간 애정 표현이 우리 시대와는 전혀 다른 모습이다. 네 가족이 눈물 콧물을 지었다가 금세 깔깔거리는 모습을 지켜보는 나 역시 덩달아 웃어야 할지 울어야 할지 분간이 잘 가지 않는다.

　저희 가족 넷이서 알콩달콩 잘 살다가 생각지도 못한 생이별 중이니 그 사연도 어련하랴만은, 정작 그 난민생활(?)로 인하여 시댁도, 친정인 우리 집도 한 걸음 더 들어가 살펴보면 문제가 결코 가볍지 않다는 것이다. 그간 상당한 세월을 노인네들 둘만 살면서 만들어진 생활의 틀이 송두리째 흔들리고 있으니 그로 인한 불편이 한둘이 아니다. 두어 가지 예를 들자면 한창 기가 넘쳐나는 나이인 육세, 팔세 두 손녀들의 생활상이 아랫집까지 전달된 것이다. 처음에는 경비실에서 '무슨 일 있느냐?'고 확인이 오더니 만 며칠 후는 '제발 잠 좀 자게 해 달라'는 아랫집 젊은 부부의 하소연이 있었다. 벌써 두 번째 과일 바구니를 든 사죄단을 파견하였지만 앞으로도 몇 번을 더 해야 할 것인지 불안하기만 하다. 그뿐 아니다. 먹는 거 잠자는 것을 비롯하여 모든 일상생활이 가능할 수도 없는 사이 두 손녀가 중심이 되어 살아가야 하니 그 불편함 또한 말할 수 없다.

그럼에도 두 악동(?)들을 향하여 눈 한 번 흘기고 큰 소리 한 번 낼라치면 '우리 아빠한테 이르겠다'며 나보다 더 큰소리치는 녀석들의 협박을 당할 길이 없다. 심지어는 노인네들의 유일한 낙인 텔레비전 시청권마저 박탈당했다. 우리 부부는 乙도 아닌 서러운 丙이 되어 삼대가 함께 사는 대가족의 최하위 서열로 살아가고 있으니 하늘에 계신 조상님들께서는 뭐라 하실까?

하긴 이런 사연 있는 집이 어디 우리 집뿐이랴, 더 큰 아픔을 겪고 있는 집에 비하면 그저 호강에 초친 소리에 불과할 것이다. 그저 괘씸하기 짝이 없는 고놈의 병마가 하루빨리 물러가길 기원할 뿐이다.

2. 대중문화

요즘 여기를 봐도 저기를 봐도 거의 모든 여성의 화두는 단연 트로트인 듯하다. 물론 일부 남성들 역시 그런 열풍에서 예외는 아니지만 말이다. 내가 알고 있던 어떤 손위 여성 한 분은 고전음악 애호가로 세기적인 팝송까지도 저 밑으로 놓고 얘기하시던 분이셨는데 그분의 휴대폰 컬러링까지 아름다운 선율의 바이올린 곡에서 '고맙소~ ~사랑하오'로 바뀌어져 있으니 새삼 놀랍기만 하다. 그러나 솔직한 심정으로 진한 화장을 지운 그분의 맨얼굴을 보는 듯, 전화를 걸 때마다 훨씬 더 편할 뿐 아니라 들려오는 목소리마저 정답게 느껴지니 그간 나에게도 문화적 편견이 있었는지 모르겠다.

이런 세태를 놓고 옳으니 그르니 하고 평하려는 사람들도 다수 있다. 그러나 부인할 수 없는 것은 트롯 열풍이 누구의 강요도 속임수도 아니라는 것이다. 멀리 갈 것도 없다. 당장 우리 집에서도 혜성처럼 등장한 한 신예 가수의 노래를 최소 두어 시간 이상은 들어야 하루가 지나간다. 그런 열정이 신기하기도 하고 부럽기도 하여 집사람에게 한마디 하였다가 오히려 된통 당한 뒤로, 나 역시 그 가수의 팬이 되어 보기로하였다. "요즘 누가 이 아이(신예 가수)처럼 날 행복하게 해 준단 말이요?" 집사람의 당찬 선언은 음치에 가까운 노래 솜씨로 평생 모든 가무(歌舞)와 담을 쌓고 지내던 나마저도 기꺼이 변하게 하였다.

그래서 감히 사족을 붙여 본다. 뭇 수필작가 분들에게 몰매를 맞을 각오를 하면서. 나 같은 사람들에게는 난수표같이 어려워, 한 꼭지 읽기도 머리 아픈 장르의 글보다는 다수의 보통 사람들을 행복하게 해 주며 누구라도 마음만 먹으면 언제 어디서나 따라 부를 수 있는 '에세이는 트롯'이다.

아들의 감기

아침나절부터 표정이 어둡던 아들 녀석이 오후 들어 쉬겠다고 제 방으로 들어갔다. 좀처럼 없는 일이었다. 저녁도 거른 다음날 아침, 녀석은 반쪽이 된 얼굴로 나타났다. 평소 미울 정도로 신상 표현을 하지 않는 녀석인데 지난 밤 워낙 힘이 들었는지 해열제를 찾는다. 이마를 짚어 보니 불덩이다. 미욱한 놈, 저녁 내 앓으면서도 바로 옆방에 있는 애비를 찾지 않고 참았다는 생각에 화가 먼저 치민다.

녀석과의 대화가 소원해진 지(내 생각에 그랬다고 느낀 지) 벌써 한참이 됐다. 대학 입학 후 일이 년은 그럭저럭 다른 부자보다는 유친하다고 생각하고 살았다. 그런데 어느 때부터인지 모르지만 서로 꼭 필요한 이야기만 하게 된 것이 벌써 몇 년은 된 듯하다.

어릴 적부터 청소년기를 거치고 대학을 졸업할 때까지 녀석은 모두가 부러워하는 일명 '엄친아'였다. 서너 살 때던가, 제 엄마가 대중목욕탕을 데려갔다가 뜨거운 물에 팔을 데어 데인 자리가 풍선처럼 부어올랐다. 그 여린 팔에서 한 바가지의 진물이 담요를 적셔도 앵, 하고 울음 한 번 울지 않고 온밤을 끙끙 앓으면서 견디던 신통한 녀석이었다. 능력 있는 할아버지의 각별한 총애로 유년시절과 초등학교까지는 온갖 호사(?)를 다 누리고 지냈다.

 그런데 중학교 입학 후 저밖에 모르시던 할아버지가 갑자기 돌아가셨다. 고등학교 무렵에는 내가 하던 사업마저 힘들어져 외지에서 재학 중이던 녀석의 하숙비까지 걱정할 지경이었다. 매월 생활 전에 지불하던 하숙비가 며칠 늦어지던 어느 날, 하숙집주인에게 전화가 왔다. 아들이 저녁 늦게 들어와 잠만 자고 아침 일찍 나가며 며칠째 밥을 먹지 않는다는 것이다. 주인에게는 조금 늦겠다고 사전 양해를 구하였지만, 녀석은 모르고 있었던 것이다. 그날 저녁, 녀석에게 전화를 하여 "사내놈이 그런 여린 마음이라면 당장 학교를 때려 치워라"고 허풍을 떨었지만 등에선 식은땀이 흘렀다.

 여름 방학에는 건설 현장에서 일명 노가다 알바를 하고, 겨울에는 편의점 알바를 하며 지낸 녀석의 고3과 재수생 시절을 나는 자세히 알지 못한다. 아들은 한국에서, 나는 중국에서, 옆도 뒤도 돌아볼 여유 없이 서로 앞만 보고 살았던 시간이었다. '여름방학 동안 아들의 공사용 작업화 두 켤레의 굽이 다 닳았다'는 마누라의 울먹임과 '쌀 사라'며 제 엄마 손에 쥐어주었다는 노란 봉투 소식만 간간이 전해 들었을 뿐이다.

 아들은 고등학교를 졸업하던 그해는 형편상 대학입시에 도전도 하지 못했다. 그런데 입시학원은커녕 아르바이트로 재수생 시절을 보낸 녀석이 다음 해에는 중국 최고 명문대학의 가장 인기 학과에 덜컥 합격을 하였다. 기특하고 기쁜 마음도 잠시 등록금이며 이런저런 생각에 다리가 후들거렸다. 아, 그 시절, 그 심정을 어찌 다 글로 표현하리. 하늘의 도움인지 녀석이 대학 진학을 하고, 내가 하는 일도 조금씩 조금씩 호전되기 시작하였다. 아들은 사 년 내리 한국 유학생 대표로 봉사하며 지도 교수들에게 인정과 칭찬을 받는 모범생이었다. 대학 졸업 후는 공군 학사 통역장교로 입대하여 군 복무를 건강하게 마치고 제대를 하였다. 여기까지, 녀석은 '한 발짝 비켜 서.'라고 말할 일도 없는, 우리 부부에게는 과분한 아들이었다.

딱 여기까지!

군 제대 후 녀석의 첫 마디가 세계 여행이었다. 이제는 당연히 모범생답게 다음 순번으로 평생 밥통 준비를 할 줄 알았는데 세계 여행이라니? 하지만 군 시절 자기가 모은 돈으로 가겠다는데? 십여 개월 세계 여행을 마치고 돌아온 녀석의 다음 계획은 미국에 가서 영어 공부를 좀 더 하겠노라는 것이었다. 토플인지 토익인지 거의 만점이라고 제 엄마가 벽에 걸어 놓은 성적표 액자가 저리 있는데, 또 무슨 놈의 영어 공부란 말인가? 혹시 전공 공부를 위하여 학위 취득 의향이 있는지 물었더니 단박 고개를 흔든다. 여행 중에 영어 실력이 아직 부족하다고 느꼈을 뿐이란다. '아니다. 틀림없이 내 학원 진학을 생각하고 미국을 가려는데 워낙 신중한 놈이라 말하지 않을 뿐이다'라는 넘치는 모성애적인, 제 엄마의 해석에 나 역시 그럴듯하여 동의를 하였다.

녀석은 미국 동부 모 대학의 2년 코스의 영어 연수를 1년 만에 조기 수료하고 돌아왔다. 그리고는 기가 막힌 결정타를 날렸다. 한참 내전 중인 아프리카 어떤 나라 난민 아동 보호소에 가기로 결정했단다. 거기서 평생 봉사하며 살겠다는 것이다. 총탄이 날아다니고 폭탄 테러로 수십 명의 인명사고 소식이 뉴스를 매일 장식하는데. 게다가 평생 독신으로! 남의 아들 같으면 박수를 쳐야 할 일인지는 모르겠지만 하나밖에 없는 내 아들놈이 이러니 귀도 코도 다 막혀 할 말이 없었다. "이놈이 세계여행을 잘 못 했나? 아니면 미국 유학이 잘못 되었나?"를 되뇌며, 제 엄마는 거의 정신 나간 사람이 되었다.

 그러나 나는 녀석의 의도가 대충 짐작이 되었다. "너희는 니들 하고 싶은 일을 하고 살아라! 그 일이 주님과 너희와 이웃을 행복하게 하는 일이라면 어떤 일이라도 나는 개의치 않겠다"는 나의 평소 가르침을 이리도 명확하게 실천하려는 것이다. 입이 열 개라도 할 말이 없어진 나는 침묵을 지킬 수밖에 없었다.

 모자간의 전쟁을 뒤로 하고 나는 말없이 중국으로 돌아왔다. 달포 뒤 뜻밖의 소식이 들려왔다. 아들 녀석이 중국으로 와서 내 일을 돕기로 했다는 것이다. 중국으로 유학 온 한국 학생들을 지도하는 일을? 설득과 달램을 넘어 같이 죽자는 무시무시한 협박성 발언까지도 침묵으로 일관하던 녀석이 아니던가!

 "중국말도 서툴고 이제는 나이 먹어가는 아배가 객지에서 저리 고생하고 있는데 홀로 두고 떠난다는 말이냐? 최소한 네 미국 유학비 값이라도 하고 떠나라. 이 무정한 놈아!" 하는 제 엄마식의 경제 논리에, 뒤늦게 중의학 공부를 하는 제 누이의 졸업까지 남은 기간 2년이라는 단서를 붙이고 중국행을 결정한 것이었다.

그 2년이 어느 사이 7년이 다 된 듯싶다. 세월 참 빠르다. 아들의 출현에 신나는 놈들이 당시 지도하고 있던 학생들이었다. 그도 그럴 것이 노인티 나는 나보다는 훨씬 동질감 있는 세대이니 다른 것은 말해 무엇 하겠는가! 중국인 교사들과 직원들 역시 통역 없이 대화가 되어 훨씬 편안해하는 모습이었다. '언제 마음이 바뀔지 모르니 잘 모시라'는 마누라의 엄명에 눈치는 보면서도 속으로는 가장 쾌재를 부른 사람은 바로 나였다.

십 년을 훨씬 넘도록 하루도 어김없이 지켜온 새벽 조회와 저녁 종례를 비롯한 '지인학숙(운영하는 학원)'의 엄격한 생활규칙은 이미 재학생과 졸업생 사이에서는 그 악명(?)이 자자한 바였다. 허나 그 모든 규칙을 솔선수범해야 하는 내가 더 죽을 맛이라는 것을 아이들이 어찌 이해하랴. 이 일을 시작한 이래 처음으로 아들에게 내 일과 중 일부를 위임하고 평일날 저녁 지인들과 약주를 나누며 '아, 이래서 아들! 아들! 하는 모양이구나'하고 미소가 절로 지어졌다.

모처럼 어유로운 시간이 서너 달 지나갔다. 그사이 학숙 운영에 대한 녀석의 제안을 취지는 좋으나 '아직은'이라는 단서를 붙여서 넘겨 버렸다. 이런 일이 서너 차례 반복된 이후부터 녀석은 제가 맡은 일 외는 전혀 관여하지 않으려 하였다. 그런 모습이 또 내 눈에는 거슬려 잔소리를 하고, 이렇게 아들과의 불협화음은 시간이 흐를수록 더 커져 어느 순간부터인지 부자 사이에 대화가 삭막해졌다.

"밥 먹었냐?" "예" "금주 시간표 작성했냐?" "예" "월말 평가서 결과는?"

"예?" "야 너는 예 말고는 말할 줄 모르냐 응?" 높아진 내 목소리에 날 한 번 보더니 "메일로 보내드렸잖아요." 매번 대화는 이런 식이었다. 그런데 녀석의 잘못을 헤아리려 하면 막상 탓할 것이 없다. 굳이 지적하자면 나에게 냉정하다는 것 말고는. 가끔 묵은 벗들에게 이런 속맘이라도 내보이면 거의가 '행복한 고민 하고 있다'고 퉁을 맞기 일쑤였다. 허긴 내 동시절의 나이 때를 생각해 보면 지금 녀석의 삶은 양반 중에도 상 양반에 속하니 아비라는 위세를 위한 투정인지도 모르겠다.

중국에서는 감기 치료 때도 링거 주사를 놓는다. 그것도 큰 병, 작은 병 등 서너 병씩이나. 해열제 효과 때문인지 깊은 잠에 취한 아들 얼굴을 한참이나 물끄러미 바라보았다. 갓난애를 앉고 감격해하던 그때로부터 지나간 삼십여 년의 세월이 어제인 듯 새롭다. 녀석도 이제 삼십 중반이니 중년에 들어서는 나이다. 언제던가 까마득한 기억 중에 문득 "너도 이제 중년이구나!" 하시던 아버님의 목소리가 들린다. 그때 아버지께서는 어떤 마음으로 그 말씀을 하셨을까?

마지막 링거의 주사바늘을 빼 주고 아들의 방을 나오니 동창(東窓)이 밝아 온다. 다음번 아들의 감기 치레는 애비인 내가 아니고 녀석이 사랑하는 사람이 해 주었으면 하는 바람 외에 더 무엇을 바라리!

SNS

연말 연초가 되자 여러 곳으로부터 날아온 송구영신 인사말이 휴대폰을 뒤덮는다. 대부분은 다른 사람에게서 받은 것을 복사해서 보낸 듯, 보낸 이의 자체 제작 수준을 훨씬 넘어서는 동영상과 화려한 색채로 꾸며졌다. 조금 그럴듯한 내용은 대여섯 사람이 똑같이 보내오는 경우도 적지 않다. 물론 보낸 사람은 바쁜 세상살이에 간단하게 인사치레를 할 수 있어 편할지 모르겠으나, 같은 내용을 또 보는 입장에서는 조금 씁쓸한 마음이 드는 것도 어쩔 수 없다.

그중에서도 씁쓸함과 더불어 어쩐지 애잔한 마음이 함께 드는 대상이 있다. 그런 사람들의 특징은 거의 매일 쉬지 않고 무언가를 보내온다는 것이다. 내용 역시 특별한 것은 없고 일상적인 것, 좋은 말, 알아야 할 정보, 건강관리 등 알아도 그만 몰라도 그만한 것들이다. 내용도 엄청 길어서 대부분은 다 읽지도 못하고 넘겨 버리기 십상이다. 바쁜 시간에 주위 눈치보며 확인하는데 그런 내용이면 '아이구야 이 양반 또 보냈네' 하는 짜증스런 마음과 '나를 제발 잊지 말아 달라'는 애잔한 마음이 함께 읽혀 잠시 마음에 서늘한 바람이 인다.

한때는 잘 나갔으나 지금은 형편이 어려워져서 상당 기간 야인생활 중인 선배와 반대로 젊어서 그 선배의 도움으로 크게 성공한 지인을 함께 만난 적이 있었다. 그 두 사람의 관계는 동창 관계였는데 성공한 지인이 선배에 대한 첫 인사가 "너는 왜 쓰잘데기 없는 것을 매일 보내냐?"는 타박으로 인사말을 대신하는 것이었다. 순간 흙빛으로 변한 선배가 기어들어가는 목소리로 "알아두면 다 도움이 되는 내용이잖아?" 하는데도 "야, 그런 글 보내는 놈들은 다 시간이 남아돌아 할 일 없어 보내는 것이지만, 받는 놈들은 짜증난단 말이야." 야멸찬 대꾸에 괜스레 나까지 얼굴이 붉어진 적이 있었다.

그 후 두서너 달 선배의 글이 끊겼다. 이런저런 걱정이 되어서 먼저 안부 인사를 보냈더니 잠시 중단되었던 SNS가 요즘 들어 다시 예전으로 돌아가 거의 매일 무언가를 보내온다. 아직 선배의 형편이 잘 풀리지 않은 모양이다.

순이 2

새해가 되었다. 올해는 눈이 유난히 많이도 왔다. 진짜 설날이 며칠 남지 않았던 어느 날, 순이 아버지가 우리 집을 찾아오셨다.

순이네가 이사를 간단다. 오랫동안 병원에 입원해 계시던 순이 아버지가 퇴원을 하셔서 함께 고향으로 돌아간다고 인사를 왔다. 지리산 속 깊은 산골마을에서 살았던 순이네는 큰 병원에서 장기간 치료를 받아야 하는 아버지 병세 때문에 잠시 우리 도시로 나왔던 것이다. 그간 온공일 날이면 아침마다 순인 제 엄마와 병원을 다녀왔다. 이제 순이도 흰색 저고리와 섬 정색 옥양목치마도 검정 고무신도 신지 않는데 순인 이사를 가야만 한다. 사실 며칠 전 우리 엄마와 순이 엄마가 손을 잡고 "아이고 성님! 우짠다요?" "좋은 일인디, 그래도 서운해서 어쩐디야? 동상!"하며 둘이서 눈물바람을 할 때부터 뭔가가 수상쩍기는 했다.

지난 가을부터 순인 치마저고리를 벗고 우리 누나들 옷을 솜씨 좋은 순이 엄마가 줄여 입혔다. 순이가 옷을 바꿔 입기까지는 사연이 좀 있다. 여름방학이 끝나고 후학기가 시작하자 서울에서 전학 온 태식이가 운동시간에 달리기에서 순이에게 지고 난 후 자주 '핫바지, 핫바지' 하며 순일 놀려 먹었다. 순이의 잠방이를 본 후 놀려 먹은 것이다. 반에서 대장 노릇을 하던 억만이마저 태식이에게 미제 쪼꼬렛 얻어먹으려고 비겁하게 모른 척 하자 이제 다시 다른 아이들도 가끔 순일 놀려 대는 일이 생겨났다.

어느 날 어떤 애가 순일 심하게 놀려 대서 내가 혼내주려고 그 아이 옷을 잡아끌어 내는데 순이가 또 세모눈을 만들어 날 노려보며 고개를 흔들어서 말도 못하고 말았다. 그날 방과 후 순이가 "글로 와" 하며 날 스쳐 갔다. 그 말은 우리 둘과 내 여동생만 아는 비밀장소이다. 거기는 내 동생과 셋이서 빠꿈살이 놀이를 하는 땔감을 쌓아 놓은 허드레 광(창고) 뒤편이다.

울 엄니 제안으로 여름방학 때부터 아주 우리 집에서 살기 시작한 순인 학교도 나와 함께 가지 않고 일 학년짜리 내 여동생과 꼭 함께 다녔다. 우리들만의 놀이터에서 만난 순이가 "너 누가 날 놀려도 아는 체 마라," "왜 그래야 되는데? 넌 화도 안 나냐?" 하며 내가 결코 지지 않으려고 하자 한참을 날 가만히 쳐다보던 순이가 "너만 나를 놀리지 않음 난 괜찮다." 하며 무슨 일인지 순이 눈에 눈물이 맺힌다. 암튼 여자들 속은 도대체 알 수가 없다.

얼마 전, 우리 아버지가 약주를 몽땅 드시고 동네 초입부터 큰소리로 노래를 부르며 저녁 늦게 오신 날이었다. 우리 엄마가 아버지보다 더 큰 목소리로 '이제 당신하고 못 살겠으니 헤어지자'고 소리를 지르는 바람에 저녁 내내 동생과 나는 우리 엄마가 도망갈까 봐 엄마를 지키느라고 잠도 못 자고 뜬 눈으로 날을 새고 말았다. 그날 동생은 벌써 몇 년 전에 멈춘 이불 지도를 또 그리고 말았다. 그런데, 다음날 아침밥 반찬에 마른 명태국을 계란까지 풀어 끓여 놓고 보통날 보다 더 싹싹하고 밝게 아버지를 대하는 엄니를 이해할 수가 없었다. 하도 궁금해서 아버지 출근길에 따라 나선 내가 "아부지! 엄니는 왜 근당가?" "야 마! 뭐가?" "어저께는 도망간다더니 아침에는 웃네?" "흐흐 야 마, 너도 어른 되면 알게 돼, 근디 이것 하나만 명심해" "뭔디?" "여자들 속은 부처님도 모릉께 무조건 알았습니다. 다음부터는 시킨 대로 할게요, 하면 만사 오케이야. 알았지, 아들?" 부처님도 모르고 울 아부지도 모르는 여자 속을 아니, 우리 순이 속을 내가 어떻게 알겠는가! 그런데 사고가 터지고 말았다.

가을 소풍날이었다. 장기 자랑이 끝나고 기다리는 점심시간이 되었다. 우리 소풍 도시락은 귀한 김밥에 삶은 달걀, 사이다, 카라멜까지 똑같았다. 아이들이 없는 한적한 곳으로 가서 도시락을 펴고 있었다. 그런데 제 쫄병 두엇을 데리고 돌아다니며 아이들 과자 등을 빼앗고 다니던 태식이가 우리께로 와서 도시락을 보더니 "어라? 애들아, 에들 둘은 뭐니? 알라리깔라리, 부바장은 핫바지하고 언애한데요, 언애한데요" 하고 놀렸다. 말 없이 자리에서 일어서 다른 곳으로 가려는 순이의 치마를 태식이가 들고 있던 나무 막대기로 들치더니 "소풍 오는 날은 핫바지 안 입었네?" 하는 순간, 난 순이 당부를 잊고 말았다.

웃는 태식이 얼굴에 주먹을 한 방 날렸다. 그 정도 해 주고 말려고 했는데 나보다 키가 반 뼘이나 큰 태식이가 달려들었다. 그리고 태식이 쫄병 하나가 날 붙들었다. 두 녀석을 상대로 싸워 두 녀석 다 코피를 내주고 나서야 싸움이 멈췄다. 작년부터 외삼촌이 관장인 태권도 도장을 다닌 덕을 단단히 보았다. 나도 한쪽 눈이 부어올랐지만 두 녀석이 코피 흘리며 징징

거리며 돌아가는 꼴을 보니 속이 다 시원했다. 놀랍도록 눈이 커진 순이가 나무를 붙들고 떨고 있어서 "걱정 마! 이제 저 애들이 다시는 널 놀리지 않겠지." 하고 달래 주었다.

집에서는 난리가 났다. 내 왼쪽 눈이 물들인 듯 시퍼레지고 부어올라 한쪽 눈이 잘 보이지도 않았다. 친구들과 장난치다가 그랬다는 말을 울 엄마는 믿었지만, 안과병원 선생님은 다 아신다는 듯 날 보고 한쪽 눈을 찡긋하시더니 "애들 때는 다 이러면서 크지요. 걱정 마세요. 며칠 지나면 좋아질 겁니다." 해 주셨다.

그런데 다음날 학교에 갔더니 태식이 부모님이 오셔서 담임선생님과 얘기를 나누고 계셨다. 태식이가 날 보더니 "쟤야" 하며 손가락질을 했다. 안대로 시퍼렇게 부어오른 한쪽 눈을 가린 날 본 태식이 아버지가 "저 애도 다쳤구먼, 잘 타이르고 그만 가자구" 하시는데 태식이 엄마는 "저 애가 말도 없이 먼저 때렸잖아요!" 하면서 "애, 너 깡패니? 하여튼 시골 사람들, 애들이나 어른이나 다 무식해서 원! 너 빨리 우리 태식이에게 잘못했다고 빌지 않고 뭐하니?" 그때 평소 사람 좋기로 소문 난 우리 곰탱이 담임이 "태식이 어머니, 어린애에게 깡패라니요? 말씀 좀 가려 해 주시지요" 하셨다. "어머머, 이 선생님 좀 봐, 자꾸 때린 애 편만 드네. 여보, 안 되겠어요. 교장 선생님에게 갑시다." 하며 태식이 아버지 등을 떠밀며 교실을 나갔다.

날 나무랄 것 같던 담임선생님께서 다른 말씀 없이 "니 집 전화번호 몇 번이냐?" "27번이요" 그나저나 싸납쟁이 우리 엄마가 아시면 난 죽어났다. 얼마나 지났을까, 우리 반 교실에 교장선생님, 교감선생님, 그리고 태식이네, 우리 엄니까지 다 모였다. 교장 선생님께서 태식이하고 나하고 싸움을 왜 했는지 반 친구들에게 물으셨다. 태식이하고 졸병 하나는 지네들이 지나가는데 이유도 없이 내가 때렸다고 했고, 난 개네들이 날 놀려서 싸웠다고 했다. 뭐라고 놀렸냐는 태식이 엄니 질문에 내가 끝까지 대답을 하지 않자, 더 목소리가 커지는 태식이 엄니에게 울 엄니가 "우리 애가 그냥 애를 팰 애가 아니라며 반 아이들에게 물어보자"고 해서 자리가 만들어진 것이다.

교장 선생님의 연거푸 이어진 질문에도 반 친구들이 아무도 말을 하지 않자 태식엄니가 우리 엄니를 향하여 "여보세요, 애들도 다 영문을 모르잖아요! 도대체 애를 어떻게 이렇게 깡패처럼 키운 거에요?" 하며 목소리를 높였다. 학창시절 연식 정구 선수 출신인 울 엄니의 두툼한 손이 내 등을 향한 스메싱이 작렬하는 순간, 순이가 "저요!" 하며 손을 벌떡 들고 일어섰다.

그리고는 또릿또릿하게 얘기를 시작했다. 태식이가 전학 오는 날부터 자기를 '핫바지, 촌년'하고 놀리며 핫바지 좀 보자며 자주 치마를 들치고 머리카락을 잡아당긴 사실 하며 소풍날 사연까지. 그런데 내가 하지 않은 말까지 더 보태어 말했다. 소풍날도 태식이가 자기를 놀리는데 내가 하지 말라고 몇 번이나 말려도 태식이가 계속 놀려대서 싸움이 일어났다고. 역시 여자 아이들 속은 부처님도 모르실 일이다.

그러자 기적이 일어났다. 앞자리에 앉은 작은 아이가 그동안 태식이에게 빼앗긴 구슬이 몇 개고 딱지가 얼마나 많은지 울면서 하소연하듯 말하자 여기저기서 태식이에게 돈 빼앗긴 일, 새 연필 빼앗긴 일 등 원망하는 소리가 빗발쳤다. 교장선생님께서 "태식이 어머니 하실 말씀 있으세요?" 하고 물으셔도 태식이 엄니는 입술을 악물고 대답을 하지 않았다. "자, 담임선생님, 교실 정리하고 수업 시작하세요." 교장선생님은 밖으로 나가셨다.

그때 교실 문이 열리며 우리 아버지가 들어오셨다. 담임선생님께 배꼽인사를 하고는 엄니에게 물었다. "뭔 일이여?" 우리 아버지를 본 태식이 아버지가 "아이구 회장님!" 하며 벌떡 일어서며 인사를 하였다. "어? 자네는 또 여기 왜 있나?" 우리 아버지는 새마을인가, 도시 발전 위원회인가 하는 시 모임의 회장이셨다. 의아해하는 아부지 등을 떠밀며 나가던 엄니가 태식이 엄니를 향하여 기어이 한마디 하셨다. "앞으로는 애를 좀 잘 가르쳐 키우시기 바랍니다. 태식 엄니!"

학교에서는 그렇게 끝이 났지만 걱정이 태산이다. 장난치다 다쳤다고 했는데 싸운 줄 알면 집에 들어가면 엄니에게 죽어 날 일이다. 적어도 며칠 외출 금지는 당상이고 쥐꼬리만 한 용돈도 날아갈 판이다. 더 큰 걱정은 이번 공일날 드라큘라 영화를 큰누이가 순이랑 같이 보여 준다고 약속했는데, 잘못하면 그마저 날아갈 판이다. 그날을 위해 큰누이 심부름을 얼마나 했던가! 특히 저 아랫집 사는 대학생 형 연애편지 심부름은 열 번도 더 넘게 하지 않았던가,

그런데 이게 웬 떡인가! 그날 저녁 소불고기까지 구워주며 우리 엄니가 나에게 하신 말은 "너 또 맞고 다니면 죽을 줄 알아!" 한 마디셨다. 내가 녀석들을 혼내 준줄 뻔히 알면서도 그러는 울 엄니, 아니 어른이나 어린애나

여자들의 말은 너무 어려워 이해할 수가 없다. 참! 그뿐이 아니다. 그날로 순인 치마, 저고리를 벗었다. 집에 가보니 엄니가 순이 스폰지 운동화와 옥색 잠바, 붉은색 스웨터 그리고 바지와 긴 치마도 사 오셨다.

우리 큰누이는 한 번 한 약속은 지키는 사람이었다. 온공일 날 오후에 순인 치마저고리 대신 스웨터에 바지 입고 처음으로 운동화도 신고 우린 꽈배기 과자도 한 봉지 사서 영화를 보러 갔다. 영화관 앞에 가보니 저 아랫집 형이 우리를 기다리고 있었다. 영화를 보는 사이 순인 내 손을 세 번이나 잡더니 나중에는 아예 잡고 놓지 않았다. 나도 무서웠지만 순일 지켜주느라 무서워할 수가 없었다. 아마 아랫집 형도 그랬을 것이다. 우리 큰누이도 형 손을 꼭 잡고 있는 걸 보니.

영화를 보고 집에 돌아가는 길에 밝은 시내를 벗어나 동리로 들어서는 어두운 길에 순인 내 팔을 붙들었다. 둘이서 꼭 붙들고 가는데 뒤따라오던 누이와 아랫집 형이 "요 맹랑한 맹꽁이들 좀 보소" 하며 나에게 꿀밤을 먹인다. 아이구, 사돈네 남말하시네, 지들은! 대문 앞에서 누이가 두 손가락을 펴서 입에 대고는 우릴 쳐다보았다. "담에 형이랑 영화 보러 갈 때도 우리도 같이 가는 거지?" "으이그 이 웬수. 알았다 알았어." 하고는 먼저 대문으로 들어서자 엄니 목소리가 들린다. "뭐하고 인자 오냐? 울 아들은?" "엄니는 그저 아들, 아들, 아들뿐이지. 엄니 장한 아들 뒤에 오요. 엄니 며느리랑 손잡고!" 여자들 비겁하다. 방금 전까지 오늘 비밀을 지키자고 자기가 먼저 약속하자더니. 나도 콱! 일러 버릴까 보다. 대학생 형이랑 손잡고 영화 봤다고.

순이가 떠나간다는 사실이 믿어지지 않는다. 그런데 나보다 더 슬퍼하는 사람이 있었으니 내 여동생이다. 내 위로 딸만 연이어 셋 낳아 시어머니, 즉 울 할머니로부터 온갖 서러움을 받던 엄마가 날 낳았다. 나 낳을 때 이번에도 아들을 못 낳으면 시앗이 뭔지는 모르겠으나 시앗도 보겠다고 할머니께 약속을 했다는데 날 낳았다. 그리고 아들을 하나 더 낳겠다고 약속을 하여 내 첫 돌날 할머니로부터 광 열쇠도 물려받았다.

날 절에다 봉양하면 다음에도 아들을 낳는다는 떠돌이 스님 말을 믿고 나 대신 백미 한 말을 시봉하고 낳은 놈이 내 여동생 장군이다. 그런데 동생을 낳기 두어 달 전에 할머니께서는 하늘나라도 여행을 가셨다. 할머니께서 돌아가시기 전에 미리 지어놓은 내 동생 이름이 장군이다. 나이 차가 있는 언니들도 나도 동생과 잘 놀아주지 않아 늘 엄니 치마폭만 잡고 살았는데 순이가 우리 집에 온 후로 장군이가 살판이 났다. 온갖 부탁 다 들어주지, 날마다 같이 놀아주지, 가끔은 울 엄니 모르게 숙제도 대신 해주지. 그 중에서도 장군이가 제일 좋아하는 것은 순이가 해주는 옛날 얘기와 순이 동네 이야기였다.

역시 옛 얘기는 광목 홑청에 풀 먹여 아직 선뜩거리는 새로 개비해 놓은 이불속에 누워 들어야 제맛이 난다. 같이 자는 외할매가 코 골며 잠드시면 나직한 목소리의 순이 이야기가 시작된다. 하늘 아래 첫 동네인 순이 동네는 겨울에는 눈이 엄청 온단다. 소나무에 쌓인 눈 무게 때문에 솔가지 부러지는 천둥 같은 소리가 들리고, 몇날 며칠을 눈 속에 파묻혀 지내다가 눈이 멈추면 다래덩불과 노간주나무 껍질로 만든 설피라는 눈신을 신어야만 치깐도 이웃집도 갈 수 있다는 얘기, 배가 고파 찾아오는 노루, 꿩에게 먹이로 옥수수와 콩 주는 얘기, 산간 마을에서는 스스로 찾아오는 산짐승은 절대로 잡아먹지 않고 돌봐 준다는 얘기, 순이 마을 이야기는 해도 해도 끝이 없었다.

그중에서 내가 몇 번을 더 청해 들어도 최고의 이야기는 순이 아버지의 할아버지 얘기였다. 그 할아버지가 젊었을 적 어느 해 겨울, 그해에는 설날이 지나고도 계속 눈이 내려 이제는 겨우살이 먹을 양식도 다 떨어져 며칠을 굶었다. 어린 아들이 굶는 것을 더 이상 볼 수 없어 가슴까지 차는 눈 속을 뚫고 아래 마을로 가다가, 춥고 지쳐 눈밭에서 잠이 들었는지 기절을 했는지 모르지만 정신을 잃어버렸다.

그런데 얼마나 지났는지 이상한 느낌이 들어 눈을 떠보니, 이미 날이 져서 사방은 깜깜한데 쟁반만 한 누런빛 나는 것이 헛비닥으로 할아버지 얼굴을 핥고 있더란다. 조금 정신을 가다듬고 생각해 보니 틀림없는 산신님이라, 이제는 꼼짝없이 죽었구나 싶어 모든 것을 포기하고 눈을 감았다. 자기는 죽어도 좋으나 굶고 있을 어린 아들 생각에 자기도 모르게 아들 이름을 큰소리로 외쳤다. 그러자 산신님도 온 산이 떠나가도록 "어~흥"하고 포효를 하더니 한 번 더 할아버지를 발로 굴려 놓고는 순식간에 사라져 버렸다.

한참을 꼼짝 못 하고 있던 할아버지가 젖 먹던 힘까지 내서 일어나 보니 호랑이는 보이지 않고 바로 옆에 방금 죽은 듯 아직도 따뜻한 커다란 멧돼지 한 마리가 놓여 있었다. 장군인 이야기를 듣다가 그만 잠이 들어 꿈속에서 순이네 동네를 찾아가면 순인 가만가만 자장가를 불렀다. "아가, 아가, 예쁜 아가, 우리 아가 잠을 잔다. 솔낭구야, 밤낭구야, 너도 자고, 나도 자고" 그러면 나 역시 매번 순이의 자장가를 끝까지 듣지 못하고 나도 모르게 스르르 잠이 들고 만다.

 이러니 순이네가 아주 간다는 눈치를 챈 장군이는 며칠을 두고 울며 엄니를 졸랐다. 순이 엄니한테 순이 우리 주고 가라고. 졸리다 못한 어느 날 울 엄니가 순이 엄니한테 "어야, 저 장군이 가이나 때문에 나 못살것네, 순이 우리 주고 가소 잉?" " 아이고 그라쇼! 사내도 아닌 가이나를 어따 쓸라고 그라시오?" "장군이 너 들었지? 순이 우리 준단다!" 나는 속으로 설마? 했지만 장군인 엄니들 말을 믿는 모양으로 얼굴이 대박 밝아졌다. 우리들 비밀장소에서 만난 순이에게 혹시나 싶어 "정말 너 안가는 거야?" 하고 물었더니 "바보! 멍충이!" 하고 토라져서 가버렸다. 괜한 말 물어봤다가 같이 놀지도 못하고 바보만 되고 말았다.

 순이에게 욕을 얻어먹어서 그러는지 그날 오후부터 머리가 아파 오더니 저녁 무렵에는 목도 부어 침도 삼키지 못할 정도였다. 당연히 밥도 먹지 못했다. 힘이 없어 누워 있는데 몸이 방바닥 속으로 들어가는 것 같다. 엄니가 내 이마에 손을 대 보더니 깜짝 놀라 수건에 물을 묻혀 이마에 올려 주고 해열제도 먹여 주었다. 잠시 잠이 들었나 싶었는데 누가 내 팔을 두드려 눈을 떠 보니 의사 선생님이 병 주사를 놓으려고 내 팔에서 핏줄을 찾고 계셨다. 옆에는 아부지도, 외할매도 순이엄니까지 모두 날 쳐다보고 있었다. 엄니가 보이지 않아 "엄니?" 하고 부르자 내 머리 위에서 엄니가

"그래 오냐 내 새끼, 나 여깃다. 여 있어." 하며 울고 계셨다.

외할매가 엄니에게 "애미가 정신을 차려야제 아픈 애기보다 더 정신줄 놓으면 어쩌라고 그라냐?" 하며 엄니를 나무라셨다. 내가 새벽에 경기를 하며 숨을 잘 못 쉬고 새파랗게 질리기를 반복하자 의사 선생님을 청한 것이었다. 의사 선생님이 혹시 모르니 다른 아이들은 내가 누워 있는 방에 못 들어오게 하고 아침까지 열이 떨어지지 않으면 큰 병원으로 가 봐야 하니 아침에 다시 오마하고 돌아가셨다.

다행히 큰 병원에는 가지 않았지만 꼬박 며칠을 더 누워 있어야만 했다. 이틀째 저녁에야 처음으로 미음을 조금 먹었다. 잠깐 잠이 들었다가 눈을 떠 보니 순이가 옆에 앉아 있었다. 그런데 옷이 치마저고리 차림이어서 내가 꿈을 꾸고 있다고 생각하고 다시 잠이 들었다. 그런데 누가 내 이마를 만지는 것 같아 실눈을 살짝 떠보니 진짜 순이가 수건으로 이미의 땀을 닦아 주고 있었다. "멍충이! 맨 날 아프기만 하고" 들릴 듯 말 듯한 목소리로 애먼 흉을 보더니, 왜 또 눈물은 흘리는지 모르겠다. 그래도 멍충이란 말이 날 욕하는 말은 아니라는 것을 이참에 확실히 알 수 있었다. 수건으로 제 눈물을 훔치더니 그 수건을 내 손에 쥐여 주고 방을 나갔다. 순이가 간 뒤, 손에 쥔 수건을 보니 순이가 가장 아끼는 가제 손수건이었다.

작년 삼 학년 개학날 조회시간에 담임선생님하고 이상한 차림의 아이가 들어 왔다. 덩치가 크고 느릿느릿한 걸음으로 늘 웃고 다녀 곰탱이라는 별명을 가진 선생님이 내 담임이 된 것은 누나에게 들어 알고 있었다. 헌데 따라온 이상한 애는 누구란 말인가? "자 조용히 하고, 내가 느들 담임

곰탱이인 것은 다들 알 것이고," 긴장해 있던 반 아이들이 '와~' 하고 웃었다. "얘는 이참에 전학 온 친구다. 시골에서 왔으니 모두들 잘 대해주고 친하게 지내라. 순이야 인사해라." "저, 순이에유." 애들이 더 크게 또 '와~' 하고 웃었다. 치마저고리에 검정 고무신도 그랬지만 더 웃긴 것은 일학년 병아리들이나 가슴에 달고 다니는 흰 손수건을 가슴에 차고 왔던 것이다. 교실 문을 들어올 때부터 고개를 숙이고 들어 온 순이는 얼굴이 붉어져서 금방 울 것 같았다. "이 놈들 웃지 마라" 하시는 선생님도 웃고 계셨다. "순이야 저기 뒤 빈자리에 앉아라. 그리고 수건은 떼서 주머니에 넣으면 좋겠구나."

순이는 그 손수건을 치마 깃에 넣어 언제나 가지고 다녔다. 순이가 치마저고리에서 세일러 원피스로 옷을 바꿔 입고 난 뒤에는 스웨터 옷소매 안에 손수건을 넣고 다녀 불편하게 보였다. 그래서 "난 네가 치마저고리 입으면 더 예쁘던데" 해 주었다. 그리고 무슨 손수건인데 맨날 가지고 다녀? 하고 물었더니 제가 처음으로 수를 놓은 수건이라며 보여 주었다. 부드러운 가제 베로 한쪽에 조그마한 들국화 꽃 한 송이와 노랑나비 한 마리가 수 놓여 있던 그 수건이었다.

내가 다시 잠이 들었다가 점심 무렵에야 며칠 만에 방 밖으로 나갔더니 뭔가 집이 텅 빈 것 같았다. 잠시 어지러워 툇마루에 앉았는데 마당에 비질하고 있던 점순이 누나가 "너 인자 괜찮냐? 근디 어쩌꺼나, 순이네가 아침나절에 가부렀어야."

아, 순이가 갔구나.

그렇게 순이가 떠나간 지 육십 년이 지났다. 깊숙이 넣어 두었던 오동 상자를 찾아 낡은 손수건을 꺼냈다. 그 손수건에는 까만 고무신과 검정 치마, 흰 저고리에 버선 그리고 순이 볼우물이 담겨, 펼칠 때마다 아카시아 꽃 향이 난다.

2부
조선족 방문기

변(便)의 사변(事變)

지금이야 북경에서 천진 가는 차편이 다양하지만, 1996년 당시만 하더라도 천안문 근처에서 천진 행은 국제호텔 후문에서 출발하는 관광버스를 이용하는 것이 가장 편리했다. 요금은 조금 비싼 편이지만, 에어컨이 나오는 신형 버스로 연전에 개통된 북경 천진 간 고속도로를 달려, 한 시간이면 목적지에 도착할 수 있어 나도 자주 이용하는 편이었다. 다만 불편한 것이 있다면 하루 세 편밖에 없어 시간을 잘 맞춰야 하는 점이었다.

당일은 업무가 생각 밖으로 일찍 끝났다. 막차가 오후 3시이니 여유 있게 점심을 먹을 양으로 국제호텔 1층에 있는 최고급 한국식당에 들어섰다. 모처럼 일도 잘 풀리고 했으니 혼자 몸이지만 느긋하게 점심을 먹고, 좀 비싸기는 해도 스카이라운지에서 피아노 연주를 들으며, 시원하고 고급스럽게 냉커피로 스스로를 위로하고 출발하리라 결정했다. 점심을 맛있게 먹고 있는데 창밖으로 11시에 출발했어야 할 천진행 버스가 서 있다. 식당 직원에게 물어보니, 사정이 있어 한 시간 연착돼 12시에 출발한다는 것이다. 시계를 보니 일분 전, 자리에서 벌떡 일어나 계산을 하고 뛰어나가, 트렁크를 버스 밑 화물칸에 넣고 버스에 오르려니 목이 마르다. 비싼 불고기 정식도 먹다 말았으니, 물 마실 생각도 못 했던 것이다. 버스 곁에서 얼린

물을 자전거에 놓고 파는 노인에게 일 원짜리를 던지고는, 시원한 물 한 병을 들고 차에 오르자 좌석에 앉기도 전에 버스는 출발한다. 차가운 물병 마개를 따는데, '아니 내가 왜 지금 이 버스에 있지?' 하는 생각이 비로소 난다. 맛있는 점심을 먹고 지금쯤은 스카이라운지에서 여유로운 마음과 자세로 냉커피를 마시고 있어야 하는데…, 쯧쯧.

객지 생활 삼 년 만에 얻은 조급함이다. 버스가 보이는 순간 저 차를 타야 한다는 강박관념이 다른 모든 생각을 멈춰 버렸다. 허나 손 흔들면 무엇 하리. 이미 버스는 떠나 버렸는데. 냉커피 대신 시원한 물 반병을 단숨에 마셨다. 그리고 오 분쯤 후, 어~? 배 한 쪽이 이상하다. 위가 약간 접힌 듯 하더니 싸하니 아파 온다. 아뿔싸! 노점상 얼음물! 점심 불고기 정식이 소고기가 아니고 까마귀 고기였단 말인가? 쓰레기통에서 주운 빈 생수병에 지하수를 넣어 얼려 파는 극히 비위생적인 길거리표 생수에 대한 전설적 소문을 누차 들었거늘! 허나 이 또한 어찌하리, 이미 물은 물병에서 식도를 거쳐 위장으로 떠나 버린 것을. 다행히 이십여 초 동안 아팠던 배가 언제 그랬냐는 듯 조용하다. 휴 다행이다. 내가 신경이 좀 과민했었나 보다.

손가방에서 수필집을 꺼내 한 편을 거의 읽어 가는데, 다시 사르르 증세가 나타난다. 이건 아닌데 싶어 손바닥으로 배를 살살 문질러 달랬다. 이런 증세가 처음에는 오 분, 다음에는 삼 분 그리고는 일 분, 삼십 초 순으로 빈도가 잦아진다. 그리고 다 아시듯이 거기에도 신호가 온다. 있는 힘을 다하여 괄약근을 조이는 것으로 처음 두어 번은 넘어갔으나 다음은 아니다. 허벅지만 의자에 대고 엉덩이를 들어 올려 괄약근을 모은다. 이러기를 서너 번, 이후는 아예 두 손을 엉덩이 밑에 대고 만일의 사태에 대비하며 엉덩이 자체를 들어 올려 버틴다. 한 시간 거리 북경 천진 간 고속도로에는 휴게소가 아예 없다. 많은 차들이 씽씽 달리는 고속도로에서 차를 멈출 곳도 없고, 멈춘다 해도 이 난국을 해결할 곳도 방법도 없다. 오직, 오직 이 한 몸이 굳세게 견뎌 주길 바랄 뿐이다. 얼마나 힘을 주고 있는지 턱과 목까지 굳어 온다. 옆자리에 있는 중국 사람이 말을 걸어온다. "너 왜 그러냐? 어디 아프냐?" 하고 물어 온다. 코를 올려 찡그리고, 눈을 내리감으며 고개를 살래살래 흔들어 말 걸지 말라는 신호를 보내는 동안에도 하늘이 노랗다.

생각해 보라. 낯선 이국땅, 달리는 고속버스 안에서 양복에, 넥타이를 맨 멋쟁이가 벌려야 할 참극을! 그 참담함을! 이 상황을 벗어날 수만 있다면, 부글거리며 차올라 이제 뱃속에 가득 찬 것을 시원하게 배출할 수만 있다면 그 어떤 대가라도 지불할 것 같다. 나의 최후의 방책은 언제나 그분께 올리는 기도다. 다른 일에서도 늘 그렇지만 이번에도 마찬가지다. 이것저것 저 하고 싶은 대로 다 해놓고 일이 벌어지면, 그때서야 아이고 주님! 살려 주십시오. 앞으로는 주일도 잘 지키고, 아침, 저녁 기도도 잘 하고, 마누라에게 인상도 안 쓰고, 아~고 주님!

이제 최후의 십 분이다. 십 분만 버티면 최악의 상황은 벗어날 수 있다. 사람 다니는 길가에 쪼그리고 앉더라도, 사방이 다 막힌 좁은 버스 속보다는 훨씬 나을 것이다. 십 분 후면, 고속도로를 막 벗어나서 천진 시내로 들어서는 길에 잠시 버스가 멈추는 곳인데, 내리는 사람이 없으면 통과하기도 한다. 나는 기필코, 죽어도 내려야 하는데 기사에게 어찌 알려주나? 온갖 생각들이 멈추지 않고 유성처럼 흐르는 순간에도 뱃가죽은 부들부들 떨려오고, 온몸에 식은땀이 흘러 양복마저 적신다. 얼마나 이를 앙다물었던지 턱이 부르르 떨린다.

드디어 고속도로를 벗어난 순간, 손을 번쩍 들고 나도 모르게 한국말로 "여~기!" 하고 소리를 질렀다. 승객 모두가 날 쳐다본다. 나 말고는 내리는 사람도 없다. 무슨 영화제에 등장하는 스타처럼 카펫 깔린 버스 통로로 나선다. 엉덩이에 있는 힘을 다 주다 보니, 나도 모르게 목이 잔뜩 움츠러든다. 두 주먹을 꽉 말아 쥐고, 팔은 옆구리에 바싹 붙인 채, 아주 근엄한 자세로 카펫을 걷는다. 아주 천천히 한 발 한 발, 조심, 조심! 그런데 이런, 맨 앞자리가 비어 있지 않은가. 왜 거기 앉지 않았더란 말인가! 조금만 방심하면 지금까지의 노력이, 피 말리는 인내가 수포로 돌아간다. 빨리 내리라고 손짓하던 기사도, 내 걸음걸이를 보고 또 누구도 범접할 수 없는 내 표정의 엄숙함에 자신도 표정으로 동참한다. 아 ~ 이런 순간에도 이심전심이 이뤄지는구나. 주여! 이제 열 걸음 남았나이다.

노력하는 자를, 하늘은 결코 버리지 않는다. 버스에서 내리는데 저~어기 공중화장실이 보인다. 전광석화! 문이 아예 없는, 앞이 트인 쪼그려식(式) 변기에 앉았다.

아~~ 으아~~ 이 통쾌함! 온몸에 퍼져오는 이 행복의 전율!

그런데 이 사무사(思無邪)의 경지를 깨뜨리는 자 누구인가? 한쪽으로 긴 그림자가 보이더니, 이내 그 주인이 손에 기다란 빗자루를 들고 나타나 바닥을 탁탁 치며 나오라고 한다. 청소부 노인이다. '나도 청소하고 가야 되니 이제 그만 즐기고 나오라'는 것이다. 어림도 없지! 셔츠 주머니에 들었던, 막 뜬은 담배를 갑째로 전해 주며, 이 거룩한 수양을 방해하지 말고 그냥 가라고 손짓을 했다. 그깟 담배 한 보루인들 못 주랴. 이런 대화는 금방 통한다.

이윽고 마무리를 하려는데 이제는 휴지가 없다. 큰일을 겪어본 사람은 매사에 대범해진다는 옛 어른들의 가르침은 진리다. 여유 있는 마음으로 주머니를 뒤져 손수건을 꺼냈다. 고국을 떠날 때 마누라가 자기 본 듯 늘 지니고 다니라며 곱게 접어 향수까지 뿌려 담아 준 명품 손수건이다. 큼지막해서 여간 여러 용도에 맞는 것이 아니었다. 역시 우리 마누라는 선견지명이 있는 여인이다.

밝고, 개운하고, 희망찬 마음으로 화장실을 나섰다. 조금 전 쭈그려 앉은 나를 건드렸던 청소부 노인네가 저 만큼에 서서 손가락 하나로 나를, 그리고는 땅바닥을 가리킨다. 뭐지? 어~ 트렁크? 그렇지! 내 트렁크! 내 모든 것이 든 트렁크! 가짜 생수 파는 노인과 버스 기사가 내려놓고 간 트렁크를 지키고 있는 노인, 그 처음과 끝을 잇고 있는 삶의 비결(祕訣)을 듣기 위해서는 정말 담배 한 보루의 비책(祕策)은 필요할 것 같다.

위해 성당 방문기

아이들 교육 때문에 중국 개방 직후인 1994년 위해에 둥지를 틀었다.

정착하기 전 중국 생활 초기의 일이다. 국내에서 권위를 자랑하는 한 대학 박물관 관계자의 요청으로 위해 시 박물관을 방문하였다. 수소문하여 찾아간 곳은 멋진 바다가 한눈에 들어오는 언덕 위에 자리 잡은 고풍 창연한 건물이었다. 방문 시 '건물은 몹시 낡았으나 무언가 범상치 않은 품격이 방문객을 숙연하게 한다'고 평을 하신 눈 밝은 그분은 후에 우리나라 문화재 관련 최고 수장이 되셨다.

그로부터 이삼 년 후 위해에 정착하고 이곳에도 중국 성낭이 있어 미사를 드린다는 소문을 듣고 아이들과 물어물어 찾아간 곳은 공교롭게도 바로 그 낡은 박물관 건물이었다. 그러나 말만 성당이지 정작 교회에 사용이 허락된 곳은 마당 한쪽의 낡고 조그만 창고였다. 아들의 통역으로 수인사를 나눈 십여 분의 중국 교우들은 대부분 연세가 지긋하신 어르신들 뿐이었다.

중국의 전통 노상 화장실(?)과 지붕을 함께 한 눅눅한 창고에 앉아 미사를 기다리는 심정은 참으로 만감이 교차하였다. 이런저런 분심 중에 홀연 울리는 음악 소리에 눈을 뜨고 보니 백 년은 돼 보이는 오르겐 소리였다.

연주자 역시 허리가 몹시 굽으신 연로한 분이셨다. 이윽고 시작된 미사에서 미사를 집전하시는 신부님 제의는 몹시 구겨지고 탈색되어 제의인지조차도 의심스러웠지만, 그마저도 작아 아이 옷을 어른이 입은 듯 보였다. 아직도 상표가 뚜렷한 빈 술병을 미사 중 성수병으로 사용하고 있어 이방인의 가슴을 더 먹먹하게 하였다. 그 모습에 어떤 교우인들 가슴이 아려오지 않았을까!

잠시 후 얼떨결에 중국 교우들을 따라 맨땅에 무릎을 꿇고 드리는 입당식으로부터 미사는 시작되었다. 중국어로 드리는 미사인지라 상세한 것은 모르되 대영광송이라 여겨지는 예절에 이르러서는 나도 모르게 눈물이 흐르는데, 옆자리 딸아이가 작은 손으로 내 손을 꼭 잡는다. 삼십 대에 이수한 꾸르실리오 교육 이후 처음 흘리는 눈물로 중국에서의 첫 미사를 올렸다. 위해 성당은 이미 나에게 화려하고 웅장한 그 어느 곳보다 거룩하고 아름다운 성전이었다.

이후 해가 흘러 한 분, 두 분, 찾아오신 한국 교우가 이십여 명이 되었을 때, 한국 교우들만의 공동체가 시작되었다. 그러나 다행히 한 달에 두세 번은 연대에서 오시는 중국 사제를 모시고 중국 교우들과 더불어 미사를 드리고 성체를 봉헌할 수 있어 큰 위로가 되었다. 이런 와중에 있었던 두어 가지 사건을 기억하지 않을 수 없다.

위해에서의 한국인 사제가 집전하신 첫 미사는 93~94년(?) 경 산동대학 기숙사에서였다. 당시 산동대학 어학원에 다니던 아들이 한국 신부님이 미사를 드린다는 소식을 가져왔다. 반가움에 참석했더니 재학 중인 유학생 서너 명과 그곳에서 처음 조우한 어느 형제와 나 뿐이었다. 그 형제는 위해에서 미사가 있는 줄 모르고 매주 인근 대도시까지 두어 시간 버스를 타고 다니며 중국 미사에 참여하고 있었다. 미사 집전 신부님은 여행 중이신 살레시오 수도회 신부님이신 걸로 기억된다. 재미있었던 것은 중국 종교정책에 무지했던 우리는 큰 범죄라도 지은 양, 담요로 창문과 출입문을 가리고 성가와 기도문을 묵음(립싱크)으로 한 채 미사를 올렸다. 그래도 정말 간만에 한국 사제를 모시고 드리는 미사가 어찌 그리 행복하던지!

　다음으로는 우리 교우들의 모임이 만들어진 후, 성탄절과 부활절 재야 미사 봉헌 후에 중국 교우들과 함께 한 친목의 자리이다. 우리는 간단한 선물을 준비하고 중국 교우들은 중국식 먹거리를 준비하여 한자리에 앉았다. 서로 말도 통하지 않고 특별한 이벤트도 없었으며 난방도 전혀 되지 않는 몹시 추운 장소였지만, 서로 미소로 마주하고 손을 잡으며 한 형제의 정을 나눴던 그 시간이 지금도 몹시 그립다. 이 자리를 빌려 외국에서 신앙생활을 하시는 교우분들께 꼭 한 가지 당부드리고 싶은 것이 있다. 성당 마당에서라도 현지인 교우들을 만나면 먼저 가벼운 목례와 미소로 반겨주면 좋겠다.

　중국 교우들이 우리 공동체 모습에서 가장 부러워하는 것은 신앙생활을 어린 자녀들과 함께 하는 것이다. 아직도 중국 교우들은 공식적으로는 자신들의 자녀들에게 신앙생활을 강요하거나 강하게 권유하지도 못한다. 그리고 일반인들에게 종교의 자유는 충분히 허락되었으나 당원들에게는 해당되지 않는 걸로 알고 있다. 즉 당원 중심의 국가 조직사회에서 자의로 선택한 신앙은 현실에서의 출세를 양보한 용기 있는 행위이다. 제한된 여건 중에도 굳건하게 지켜가는 그들의 신앙심에 존경과 위로는 마땅하다고 생각한다.

다음으로는 이천 년 초 중국을 강타한 전염병 '싸스' 이야기를 하지 않을 수 없다. 위해 시내에서 타 도시로 통하는 모든 길을 막고 아직 위해로 침범하지 못한 전염병을 예방하는 시 당국의 모습은 처절하리만큼 철저했다. 물론 그 덕분으로 위해에서는 단 한 명의 발병자도 없었다. 그런 정책에 따라 다수가 모이는 모임은 모두 금지되었다. 당연히 미사 참석도 금지되었다.

그러나 우리가 누구인가? 초기 교회의 순교자 정신을 이어받은 후손 아니던가! 긴급회의를 한 결과 공소예절을 비밀리에 드리기로 하였다. 사목 회장님 댁에 삼십여 명의 교우들이 모여 공소예절을 드린 후 손빠른 자매님의 솜씨로 준비하신 점심을 모두 함께 나누며 한 치 앞을 짐작키 어려운 불안한 상황을 신앙에 의지해 서로 위로하며 지냈다. 이렇게 지낸 몇 개월은 지금까지 모두에게 잊히지 않을 추억으로 남아 있을 것이다. 이 지면을 통하여 물심양면으로 노력하여 주신 초대 회장님 내외분께 머리 숙여 감사를 드린다.

어느 해인지 정확치 않으나 청도 한인 성당의 한국 신부님께서 위해를 방문하셨다. 위해 한인교회도 대구 대교구 관할임을 알려 주시며 가능한 빨리 위해에도 본당 신부님을 모실 수 있도록 노력하겠다는 약속이 있으셨다. 몇 년 후 드디어 위해 성당에 부임하실 본당 신부님이 청도에 머무신다는 기쁜 소식이 올 무렵, 위해 한국 교우는 칠십여 명으로 늘어 초창기에 비해 대식구가 되었다. 그리고 사업상 바쁘셔서 이임하신 유 회장님과 더불어 나 역시 총무직을 이임한 한 달여 후 드디어 진** 신부님께서 위해 한인 성당 초대 주임 신부님으로 부임하셨다. 이로써 위해 한국인 천주교회는 명실상부한 본당으로 출발하게 되었다.

　마지막으로 한인 위해 성당이 뿌리를 내리도록 수고해 주신 초기 교우 모든 분과 역대 본당 신부님들, 그리고 그간 노고를 다하신 사목위원 제위, 그리고 잠시라도 위해에 머무셨던 교우분들과 더불어 행복했던 이십 년 추억을 정리해 본다. 모든 분께 주님의 은총이 함께 하시기를!

2015년 3월　김광식 도마

목단강변 이화네

1. 일로순풍(一路順風)

　96년 벽두, 지난해 말 전직 대통령이 구속되는 등 이런저런 일들로 세상이 떠들썩한 지 수삼 일이 지나고 조금 조용해진 어느 날 새벽. 토목업에 종사하는 고향 선배로부터 다급한 국제전화가 걸려왔다. 내용인즉 자신의 공사 현장에서 조선족 인부 한 명이 숨지는 사고가 발생했는데, 사망자의 신원 파악이 되지 않는단다. 그러니 중국에서 상주하는 나더러 사망자 가족을 찾아 달라는 하소연이었다. 사고자 신분증으로 중국 측에 확인을 하니 신분증의 실제 인물은 이미 중국에서 일 년 전에 사망한 사람이라는 것이다. 그러니까 동일인이 중국에서 한 번, 한국에서 한 번, 두 번 죽은 셈이다. 신분증 실제 주인 딸이 국제결혼을 하여 한국으로 간 후 친정부모를 초청했는데 그네들이 자신의 신분을 다른 이, 즉 사망자에게 팔아넘긴 것이다. 우리로서는 이해가 어려운 일이나 한국 드림이 한창이던 당시 중국 조선족 사이에서는 흔한 일이었다.

　가족이 나타나야만 사후처리를 할 수 있을 터인데 이러지도 저러지도 못하고 공사마저 중단된 선배 또한 이중으로 죽을 맛이었다. 평소 사고자와 함께 일했던 조선족 동료들은 거의 불법 체류자 신분인지라 사고 후 자리를 피하고 없어 사망자의 진짜 이름조차도 알 길이 없었다. 다만 평소

동료들이 그를 이화 아빠라고 불렀다는 사실과, 생전 단골로 다니던 대폿집에서 그가 가끔 이용한 중국 동북 지방의 전화번호 하나를 알아낸 것이 정보의 전부였다. 그 번호로 전화를 해 보니 한국말도 모르는 중국 사람이 전화를 받더니 끊어 버린단다. 사고자 고향이 중국 헤이룽장 성 목단강 인근이라는 것과 알아낸 번호가 동일 지역번호라는 사실을 확인하고 전화번호 하나만 들고 무작정 그곳으로 향했다.

동북지방의 겨울 날씨는 상상 이상으로 혹독했다. 요령성 대련에서 출발한 기차를 스무 시간 가까이 타고 도착한 목단강 시는 오후 세 시가 채 안 되었건만 사위는 이미 어두워 가고, 기차에서 내리는 순간 온몸이 오싹 얼어붙는 느낌이다. 위해에서 대련까지 열 시간 가까이 승선한 배에서는 출발부터 도착까지 높은 파도에 심한 멀미로 고생을 하였다. 더욱 급히 기차표를 사느라 웃돈을 주고도 침대칸은 구하지 못하고 간신히 한 자리에 세 명씩 앉는 잉쭤(딱딱한 좌석표)를 구할 수밖에 없었다.

기차가 출발한 지 두어 시간이 지난 후 같은 자리에 앉았던 사람이 화장실을 간 사이에 넝치마저 큰 어떤 이가 슬그머니 앉더니 자리 주인이 돌아와도 일어시지 않고 엉덩이를 비비고 끼여 앉는다. 게다가 그에게서 뭐라 말하기 힘든 묘한 냄새가 진동하였다. 그렇게 한 시간 가까이 지나서 한자리에 있던 다른 이가 그에게 불편하다며 이제 그만 일어나달라 하는데도, 그는 못들은 척 눈을 감고 버틴다. 비좁은 것도 비좁은 것이지만 도저히 참을 수 없는 냄새 때문에 차라리 내가 서서 가려고 자리에서 일어섰다. 나와 동행한 홍 선생이 그에게 다시 비켜달라고 요구하자 그가 오히려 큰

소리로 '별나게 왜 그러느냐? 봐라, 다른 자리에도 모두 네 명씩 앉아 있는데 왜 너희만 까다롭게 하느냐'고 적반하장 큰소리다. 그러고 보니 다른 자리에도 거의 다 네 명씩 앉아 있다. 싸울 수도 없고 하는 수 없이 나와 홍 선생이 앉았다 일어섰다 하며 가는데도 눈을 감고 자는 체하던 그의 표정이 어느 순간 펴졌다 이그러졌다 하더니 도저히 못 견디겠는지 둔전거리며 자리를 떠났다. 화장실을 가는 모양이었다.

그가 일어서자 홍 선생이 진즉부터 생각이 있었는지 저만치 서서 가던 여학생을 데려다 앉혔다. 이를 본 옆자리 사람도 동의의 표시로 미소를 짓는다. 그가 돌아와서는 당연하다는 듯이 그 여학생에게 자기 자리라고 비키라고 한다. 그러자 여려 보이던 여학생이 보기와는 다르게 그에게 이 자리가 당신 자리면 좌석표를 보여 달라고 야무지게 이야기한다. '당신이나 나나 다 입석표인데, 이 자리 분들 동의를 얻어 내가 앉았는데 왜 비켜야 하느냐'고 당당하게 대답한다. 여학생을 향한 그의 목소리가 커지자 홍 선생이 여학생을 지지하는 대꾸를 하고, 옆자리 주인도 여학생은 우리가 앉혔다고 거든다. 그래도 그가 지지 않고 뭐라 큰 목소리다. 그러자 뒷자리에 앉았던 나이 좀 들어 보이는 여성이 '당신은 남자인데 여자에게 양보해야 당연한 일이다' 하고 한마디 하자 기다렸다는 듯이 옆자리 사람, 곁에서 서서 가던 사람들이 모두 그를 몰아세운다. 주위에 자신 편이 하나도 없음을 확인한 그가, 그제서야 구시렁거리며 소지품을 챙겨들고 자릴 떠나간다. 말로만 듣던 인민재판의 현장을 목격한 셈이다.

중국에서는 부부싸움도 집안보다는 밖에서 하기를 선호한다는 우스갯

소리가 있다. 대로에서 부부가 큰 소리로 싸우고 있으면 사람들이 하나둘 모여들어 구경을 하다가, 사람들 숫자가 어느 정도 모이면 구경꾼 중 한 사람이 '내가 보니 여자가 잘못했구먼' 하고 평을 하면, 또 다른 사람이 '아니다. 남자가 저리 조잔하니 부인이 저러지'하고 변호를 해가며 각기 부부싸움 관전평을 주고받다 보면, 대충 구경꾼들 의견이 모아지고 드디어 판결이 난다. 그러면 신통하게도 싸우던 부부는 그 판결을 받아들이고 부부싸움이 끝난다는 것이다.

암튼 이런저런 일들로 콩나물시루 같은 기차 속에서 몸은 힘이 들어도 지루한 줄 모르게 시간이 흘렀다. 이제 며칠 후 춘절(음력 설날) 대이동이 시작되면 이런 상황은 일도 아니란다. 사람이 앉은 의자 밑은 포대자루 하나만 깔면 누워 갈 수 있는 특석이요, 화장실까지도 너댓 사람이 들어 있다가 일 보러 오는 사람이 있으면 비워주고 나가면 다시 들어기며 실게는 사나흘을 버틴다고 한다. 믿거나 말거나 사람이 많을 때는 기차 칸 속에서 화장실까지 도저히 갈 수가 없어 남녀 불문하고 음료수병 등을 이용하여 볼일을 본다니, 날밤을 새워가며 귀향 표를 구하는 우리네나 이 사람들에게나 고향이 무엇인지 모르겠다.

드디어 기차가 목적지에 도착할 무렵에는 몸이 천근만근으로 주체하기가 어려울 지경이었다. 그러나 아무리 몸이 피곤해도 어찌하리, 주어진 임무가 있는 것을. 기차역 인근의 동방호텔이란 곳에 숙소를 정하고 가져온 전화번호로 수 차의 통화 끝에 사고자의 동생과 통화를 하게 되었다. 홍선생의 능숙한 중국말 솜씨가 아니면 어림없을 일이었다. 사고자의 집은 목단강 시에서도 댓 시간 걸리는 시골이었다. 다음날 오전 중으로 호텔에서 약속이 잡혔다. '짐작건대 사망 소식을 이미 받은 듯하다'는 홍 선생의 말을 꿈결로 전해 들으며 잠에 빠져들었다.

　잠시 잠깐 눈을 감은 것 같은데 떠보니 저녁 여덟 시를 넘어가고 있었다. 댓 시간 달콤한 수면이 효과가 있었던지 뱃속에서 밥 들어오라고 요동을 친다. 그러고 보니 거의 서른 시간 너머를 김밥 한 줄, 물 두어 병 마신 것 말고는 먹은 것이 없다. 웃저고리도 벗지 않은 채로 누워있던 홍 선생 역시 눈을 부비고 배를 쓰다듬으며 웃는다. 로비로 내려갔다. 헌데 이게 웬일이란 말인가? 호텔 내 식당은 물론이고 데스크에 직원조차 보이지 않는다. 출입구 큰 문도 열쇠로 잠긴 듯 열리지 않는다. 이곳저곳을 둘러보고, 불러보고 해도 인기척이 없다. 입구 한 켠 끝에 쪽문이 있어 보니 그곳은 다행히 열려있다. 건물 밖으로 나서 몇 발자국 걷지 않았는데 코가 맹하니 얼어온다. 홍 선생이 날 보고 입에 쓴 마스크를 벗으라고 한다. 잘못하면 입김이 마스크에 얼어붙어 코와 입 주위에 동상이 걸릴 수 있다고 한다. 완전 어둠에 묻힌 사위는 대로에도 차 한 대, 사람 한 명 보이지 않고 적막함을 넘어 고요하다. 어디로 가야 식당이나 가계를 찾을 것인지 외국인인 나도, 조선족이긴 하나 이 도시는 초행인 홍 선생도 막막하기만 하다. 순간 내가 '역전!'하자 홍 선생도 거의 동시에 '화차 잔!' 하고 화답을 한다. 그렇지! 기차역전에 가면 뭐가 있어도 있을 것이다. 볼이 얼어붙는 얼얼한 추위에도 더운 김 나는 흰 쌀밥을 생각하며 십여 분을 걸어 드디어 역전 입구에 도착했다.

그런데 웬걸, 여긴 더 적막강산이다. 기차역도 출입구부터 문이 잠겨 누구에게 물어볼 곳 하나 없다. 때마침 매몰차게 불어오는 이국의 낙목한천(落木寒天) 찬바람에 몸이 굳다 못해 접혀가는 느낌이다. 힘없이 돌아서서 가는 길에 인생철학의 문 하나가 열린다. 아~ 춥고, 배고픈 것은 서럽고 슬픈 것이구나!

기차역을 찾아가는 길은 분명 십여 분 거리였는데 돌아가는 길은 왜 이리 먼 것인지, 길을 잘못 든 것인지, 하며 두리번거리며 걸어가는데 옆 골목에서 사람이 나오더니 우릴 보고 뭐라 한다. 그러자 홍 선생이 '워먼 뿌요.' 하고 대답한다. 실망한 듯 돌아서는 그이를 내가 붙들었다. '홍 선생 이 사람 뭐라고 하나요?' '자기 집에서 민박하라는데요.' '그럼 집에 밥 있는지 물어보세요.' 하는데 그가 '거기 네는 조선족들이요?' 하고 유창한 우리말로 되묻는다. '아, 예! 우리가 아직 밥을 못 먹어서 그러는데 집에 있는 밥 좀 팔 수 없나요?' 하고 청했다. '우리 안싸이(아내)에게 물어봐야지 내는 모르요.' '밥값은 충분히 드릴 터이니.' 하고 다시 부탁하자 '따라와 보기요.' 하고 앞장선다.

망설이는 홍 선생을 채근하여 민박집을 들어서니 우리네 달동네 집은 이곳에 비하면 호텔이다. 앉을 곳조차도 변변치 않은데 어디서 손님을 재우며 민박을 하는지 원. 자다 일어났는지 눈을 비비고 나오는 부인에게 같은 청을 하였다. '남은 밥도 없고 차릴 채(반찬)도 없어 안 되는데요.' 하는 대답에 머리가 어찔하다. '그럼 어디 이 시간에 영업하는 식당은 없을까요?' '찬팅(식당)은 다 꽌문(마감) 했을 거이고 거기 꼬지 집은 어쩔지 모르지비.' 지금 먹을 수 있다는데 꼬지집이고 꼬챙이 집이고 가릴 상황이 아니다. '길 좀 안내해 주기요.' 하고 홍 선생이 부탁하자 부부가 서로 마주보는 눈빛이 거절할 눈치다. 허긴 이 추위에 밤길을 나서기가 어디 쉬운 일이겠는가. '여기서 민박하면 하루 얼마인가요?' 하고 내가 묻자 '인당 30원인데 둘이면 50원 받지요' 주머니에서 오십 원을 꺼내 주며 다시 공손히 부탁하였다. 그러자 그 남자가 '선생은 남조선 사람이요?' 하고 묻는다. '예, 한국 사람입니다. 좀 도와주시지요.'하고 대답하자 '거기가 다녀오라. 돈은 됐시오.' 하며 부인을 시킨다. 미안한 마음에 '아니 선생이 가면 안 되나요? 이 추위에.' '오늘 이래 춥긴 춥구먼, 이따 올 사람도 있고, 다녀오라.' 내미는 돈을 야멸치게 거절한다. 더 이상 권하는 것도 예의가 아닌 듯싶어 집어넣었다. 중국 군용 외투인 누비옷을 걸친 부인을 따라 길로 나섰다.

큰길로 들어서 조금 걷는데 길 건너편으로 지나가는 오토바이 택시가 보인다. 홍 선생이 큰소리치고 손을 흔들며 요란하게 부른다. '요 얼매 안 가는데 돈 파나요(쓰나요).' 하며 아까워하는 여인을 앞세워 오토바이에 매달린 짐칸이 승객석인 자리에 올랐다. 숙소인 호텔에서 기차역 반대편으로 사오백 미터를 지나서 골목길 두어 개를 돌자 큰길 풍경과는 전혀 다른 모습이 들어온다. 약간 넓은 골목길 정도인 길 양편에 환한 불들이 켜져 있고 사람들도 제법 오간다. 마치 추위와 어둠이라는 사막에서 오아시스인 듯하다. '저 조선족집이 잘 해요.' 하며 춘양이집 이라고 우리글로 적힌 한 식당을 알려 준다. 함께 식사 하자고 수 차 권해도 배부르다며 손사래 치며 떠나가려는 그녀에게 백 위안짜리 지폐를 건네주니 받지도, 돈에서 눈을 떼지도 못한다. 홍 선생이 타고 왔던 오토바이에게 그녀를 집에까지 태워다 주라고 오 원짜리 한 장을 주며, 내가 들고 있는 돈을 그녀 주머니에 슬그머니 넣어 준다. 말 못하고 고개로 인사하며 떠나가는 여인의 미소가 곱다.

우리가 마지막 손님인 듯 가게가 비었다. 자리에 앉자 스무 살 남짓 보이는 조선족 종업원이 주문을 받는다. 몇 시까지 영업하느냐 묻자, 새벽까지 한다고 한다. 오늘은 손님이 없다고 되묻자 '여긴 열한 시 넘어야 인간들 보이지요.' 하고 대답한다. 이 식당에서 가장 잘하는 음식이 뭐냐고 묻자, '손님 남조선 사람이오?' 하고 좀 전과 똑같은 질문을 한다. '아니 남조선이 아니라 한, 국, 사람'하고 또박또박 일러 주었다. '아 한국사람!' 하면서도 '게나, 게나 다 똑같지 뭐'하며 '예서는 인간들 다 소불고기 먹어요.' 하고 대답한다. '인간이 아니라 사, 람' 해 주고는 밥도 함께 달라고 주문을 히었다. '게나, 게나' 하고 맹랑한 대답을 하면서도 웃는 얼굴이다. 허긴 사람이란 단어가 옳은 것인지, 인간이란 단어가 더 적절한지 나도 모르겠다. 조금 있으니 황토흙으로 구워 만든 조그만 흙 화로에 무쇠 석쇠가 놓인 숯불이 올라왔다. 벌겋게 달아오르는 숯불을 보는 것만으로 추위와 더불어 마음까지 녹는다. 잠시 후 달궈진 석쇠에 양념된 소고기를 올려 지글지글 익혀 가는데,

아, 아, 이 향기! 이 냄새!

홍 선생이 '빼주(소주) 이진(한 근. 오백 밀리)!' 하고 소리치듯 외친다. '밥도!' 하고 나도 따라 소리쳤다. 역시 소고기는 밥과 함께 먹어야 한다.

술을 가져온 복무원(종업원)이 '주식(쌀밥이나 만두 등)도 지금 주라요?' 하고 확인한다. 가져온 하얀 쌀밥에 기름기가 자르르 흐른다. 쌀밥 위에 식용유를 부어 놓은 듯하다. 말로만 듣던 동경성* 쌀이다. 잘 익은 고기를 기름진 흰 쌀밥에 올려 한 술, 입에 들어가는 순간, 우~아! 하는 탄성이 절로 나온다. 게다가 아직 찬 기운이 아삭, 아삭 씹히는 김치는 청량감 그 자체이다. 아마 우리가 먹는 모습을 다른 이들이 보았으면 걸신들린 사람들의 실체를 보았으리라. 얼마를 정신없이 먹었던지 배가 볼록 올라올 무렵 독한 동북 소주에 불콰해진 홍 선생이 한마디 한다. '역시 한국 사람들은 총명해요. 우리네 같으면 쫄쫄 굶고 있었을 것을.' 나는 마지막 고기 한 점을 입으로 가져가며 말없이 미소로만 대답했다. '어디 한국 사람이 총명해서 그러나요. 홍 선생이 배가 덜 고파 그런 게지요.' (*동경성: 목단강 인근의 발해 수도였던 용경상충부의 현 지명. 그곳 논은 토양이 1미터 밖에 안 되고 그 밑은 화산석. 중국 최고 품질의 쌀 생산지. 그곳에서 생산된 쌀은 전량을 중앙정부에서 수매한다.)

2. 개관사정(蓋棺事定)

비몽사몽간에 도마 치는 소리인지, 윗방에서 쿵쿵거리는 소리인지 잡음이 계속 들려온다. 이불을 둘러쓰고 한숨 더 자려는데 이번에는 전화벨이 울린다. 홍 선생이 받겠거니 하고 돌아누워도 계속 시끄럽다. 일어나 보니 홍 선생은 보이지 않고 누군가 문을 발로 차는지 요란하다. 놀라 속옷

차림으로 급히 문을 열었다. 호텔 종업원과 함께 건장한 남자가 들어선다. 무슨 이유인지 표정이 좋아 보이지 않는다. 들어선 남자가 신분증을 내보이더니 워낙 빠른 말투라 다는 못 알아들었지만 내 여권을 보여 달라는 소리 같다. '이거 왜 이래, 나도 중국생활 낼 모래면 십 년이야'하고 속으로만 외치고 호텔 유니폼을 입은 여성에게 '니스 절 부웬마? 타스 쉐이야?(너 여기 종업원이지 저 사람 누구야?)' 하고 짧은 중국말로 물으니 '따스 꽁안(경찰이야).' 하고 짧게 의무적으로 답한다. 그녀의 불친절한 태도가 거슬린다. '스마, 타, 웨이썸머 칸 워 더 후조? 썸머 썰 마?(그래, 그런데 왜 내 여권을 보자는 거야? 무슨 일 있나?).' 문법, 용법 무시한 순전히 내 방식의 길거리 중국어지만 알아들은 모양이다. 서투나마 중국어를 하는 내가 안 믿긴다는 듯이 그들 표정이 순간 뚱하다.

중국 법은 현행범이 아니라면 외국인의 여권을 요구할 수 있는 권한은 공안국 외사과 직원과 안전부(우리의 국정원) 담당 식원에게만 있다는 상식 정도는 이미 비싼 학자금 들여 공부한 바 있다(이 사연은 기회가 되면 다음에 하기로 하자). '그리고 어제 호텔에 숙박 등기 하면서 내 여권 다 기록했는데 필요하면 거기서 확인하면 되지, 왜 보자는 거냐? 너 정말 공안 맞나?' 하며 좀 세게 나갔다. 중국은 철저한 법치주의 국가다. 상대가 누구이든 특히 관록을 먹는 사람이라면 법을 앞세워 이야기하면 태도가 달라진다. 외국에서 여권은 제2의 목숨이다. 여권을 분실하면 정말 골치 아프다. 특히 분실한 여권을 사용하여 누군가 출국이라도 한 후라면 여권을 팔아먹은 것으로 간주하여 무조건 구속수사를 한다. 실제로 분실을 했더라도. 한 달 여를 이국땅 유치장에서 구속당한 채 심문을 받는다고 상상해 보라! 생각만 해도 끔찍하다. 당시에 한국 여권은 삼백만 원에서 오백만 원에 거래되는 시절이었다.

어설픈 내 중국어 실력 탓인지, 그들과 약간의 언쟁을 하고 있는데 홍 선생이 들어선다. 손에 담배가 들려있다. 어제 저녁 호텔에 돌아와 담배가 떨어졌다고 재떨이를 뒤지더니 그새 못 참고 담배 사러 나갔던 모양이다. 내가 상황을 간단히 전했다. 홍 선생이 자신의 신분증과 대학교수 명함을 공안이란 사람에게 먼저 내주며 그의 신분증도 보자고 한다. 그러자 그 공안 표정이 딴 사람처럼 바뀌더니 종업원더러 우롱차를 준비해 달라고 부탁한다. 홍 선생도 서둘지 않는다. 우리 같으면 좀 더 큰 목소리가 나고 시끄러워질 상황인데, 이들의 일처리 순서는 상대의 신분이 확실하면 냉철해진다. 그는 사고자의 동향 사람이었다. 그는 내 신분이 일처리를 위해 한국에서 파견된 건설회사 직원으로 생각하고 먼저 군기 좀 잡을 생각이었는데 뜻밖으로 중국 묵치를 만난 것이다. 그의 신분 역시 확실했고, 내가 오게 된 사연도 정확히 전달했다. 홍 선생과 서로 공산당원이라는 사실에까지 이르자 사뭇 대화의 양상이 우호적으로 바뀐다.

목단강 시는 인근에서 가장 큰 대도시이고 그는 자신의 출생지인 인근의 시골 향(면 정도의 행정구역)에서는 출세한 사람 중 한 사람이었다. 이런저런 사연을 듣고 찾아오고 연락 오는 동향인들의 해결사 역할에 자신도 몹시 힘들고 어렵지만 돌보지 않을 수 없단다. 특히 이번 일은 고향에 계시는 자신의 노모가 특별히 부탁한 일이고 사망사건이라 미처 살피지 못한 자신의 처세가 과했다고 양해를 구한다. 좀처럼 사과하지 않는 보통 중국인들의 모습과는 다르다. 이도 말 잘하는 홍 선생 덕분인지 모르겠다. 그런데 일 처리 하는데 당신들 좀 머리 아플 것이라고 이화네 사정을 들려 준다.

이화네 부모는 이혼한 지 꽤 오래되었다. 그동안 이화는 엄마가 키웠고 홀로 도회지 생활을 하던 이화 아빠는 형제들의 도움을 받아 한국에 돈 벌러 나갔다가 사고를 당한 것이다. 이런 경우 유족 친권이 누구에게 있는 것인지, 회사에서는 누구와 협상을 하고 누구에게 보상을 해야 하는지, 그의 말을 듣고 보니 조금 머리가 아프다. 우선 상대가 정해져야 상담을 할 것 아닌가? 한국으로 전화를 했다. 가능한 한 빨리 관련법에 대하여 알려 달라고 전했다. 홍 선생과 공안에게 중국 법은 어떤지 알아봐 달라고 부탁했다. 얼마 되지 않아 한국에서 전화가 왔다. 상속권은 오직 딸인 이화에게만 있다 한다. 그러나 이화가 미성년자이니 이화와 친속 중 보호자 한 명이 나오면 된다고 한다. 중국에서도 기본은 같으나 사고자의 노모도 일정분의 권한이 있다고 한다. 그럼 뭐 별일 있겠나 싶다. 딸인 이화와 가족 중 한 명이 나가면 되겠지. 그러나 불과 서너 시간 후 내가 여기를 왜 왔나 싶을 정도로 골머리 아픈 일에 직면하게 되었다.

아직 아홉 시, 아침 식사를 하자는 공안을 좀 있다 보자고 보내고 한숨 더 자려고 누웠으나 이미 깬 잠이 올 리 없다. 두어 시간 후 공안이 다시 와서 점심을 먹자고 한다. 어제 잘 먹어서인지 생각이 없다. 그러나 그가 이제부터 말 많이 해야 될 터이니 지금 든든히 먹어 두어야 한다고 막무가

내로 우릴 인근 식당으로 안내한다. 중국 사람들에게 대접받을 때마다 느끼는 일이지만 그래도 이건 좀 과하다. 일행은 총 네 명인데 음식은 과장 좀 하면 사십 명 분을 시킨듯하다. 권하는 술을 홍 선생이 한국 사람들은 낮에는 일절 술을 마시지 않는다고 설명하며 자신도 입에 대지 않는다. 식사 도중 대화에 자신의 입장도 우리와 같은 처지임을 누누이 설명하며 공평하게 일 처리해 달라고 오히려 나에게 부탁한다. 나서는 길에 공안이 자기가 집에서 가져온 술이 이곳 특급명주라며 저녁에 드시라고 홍 선생 손에 두어 병을 쥐여 준다.

호텔 로비에 들어서니 십 여 명의 사람들이 웅성거리고 있다. 우리가 들어서자 호텔 직원이 손으로 나를 지목한다. 이번 일에 관련된 사람들일 것이라는 생각이 들어 그들에게 향하는데 그들 중 한 명이 다가서더니 대뜸 내 멱살부터 잡는다. 얼마나 힘이 좋던지 몸이 휘청거린다. 뒤따르던 공안이 호통을 친다. 그들은 이화 아빠 형제, 친척들이었다. 그들을 데리고 객실로 올라갔다. 거기서 공안이 나에 대하여 설명을 하려는데 뒤이어 또 십여 명의 사람들이 들어선다. 일행 중에 열두어 살 먹은 계집아이가 동행한 것을 보니 이화와 외가 쪽 사람들이다. 공안이 그들에게도 아는 체를 하며 모두 모이라고 한 후 '이분들은 회사직원이 아니고 여러분을 도우러 오신 분들이다. 예절을 지켜라.' 명령 같은 부탁을 한다.

그곳에 모인 사람은 모두 우리말을 잘했다. 공안 역시 조선족이었으나 소학교 때부터 한족 학교에 다녀 우리말을 듣기는 하나 하지는 못하는 모양이다. 내가 먼저 상황을 간단히 전했다. 우선 유족 대표가 한국에 나가

상담을 하고 장례를 치러야 하니 딸아이와 동행 할 가족 중 한 명을 선정하라고 전했다. 이때부터 모두가 한마디씩 하려고 하니, 당리당략으로 맞붙어 대결 중인 어느 나라 여야 국회의원들 수준이다. 이러다 조금 있으면 누군가 웃통 벗어부치고 나설지도 모르겠다. 공안이 도저히 안 되겠던지 호통을 친다. '지금 사람이 죽었는데 이게 무슨 모습들이냐, 부끄러운 줄 알아라.'

우선 양측에서 대표자를 두어 명씩 선발한 후 대화를 하자는 제안을 하여 친, 외가 서너 명씩 모여 한자리에 앉았다. 대화를 하는 중에 한국 회사에서 출입국 관리국에 문의하니 초청은 두 명밖에 안 된다는 전갈이 왔다. 정작 문제는 이때부터 시작되었다. 우선 상속자인 이화는 엄마가 동행하지 않으면 자기는 한국에 안 간다고 한다. '네 엄마가 가면 회사와 협상이 어려우니 자신이 가겠다'고 외삼촌이 설명을 하여도 고개를 흔든다. 아이를 설득해야 할 이화 엄마 역시 '아이가 저러니 방법이 없다.' 이런다. 아이는 엄마에게 철저히 교육받고 온 모양이었다. 친가 편도 마찬가지다. 친형과 그리고 이화 아빠가 한국 갈 때 비용을 빌려준 사촌까지 서로 자신이 나가야 한다고 주장하니 상황이 정리가 안 된다. 이때부터는 공안의 큰소리도 먹히지 않는다. '아 두어 텅(아 머리 아파).' 하고 공안은 나가 버린다. 날이 어두워지도록 답이 안 나오자 홍 선생이 돌아들 가서 결정하고 내일 다시 오라고 내보낸다.

상황을 한국에 전하나 애가 닳기는 그쪽이 더한 모양이다. 병원 영안실에서도, 관계 기관에서도 조속한 처리를 채근하지만, 대형공사의 극히 일부를 시공 중인 선배 입장에서는 이 일로 전 공정이 멈춰 버려 일정한 시간이 지나면 모두 자신의 책임이라며 울상이다. 무리를 해서라도 아이를 데려와 달라며 통사정이다. 그런다고 아이만 납치할 수도 없는 일이고. 궁리가 안 나온다. 다른 길은 정말 없는지 한국에 재차 확인하니 만약 중국 측 사정으로 유족이 나타나지 않으면 국내 중국대사관에 일정 유치금을 예치하고 마무리할 수는 있으나 그리되면 국제 문제로 기록이 남아 선배의 전문건설업 단종 회사는 다시는 대형 종합건설에서 일을 할 수가 없다는 것이다. 진퇴유곡(進退維谷)이다.

  예치금은 생각보다 많지 않았다. 저녁에 공안을 다시 청했다. 말 잘하는 홍 선생을 통역으로, 이 일은 당신밖에 해결할 사람이 없다. 유족들의 합의가 이루어지지 않으면 한국 회사는 중국 대사관을 상대로 일을 처리할 수밖에 없다. 그 경우 유족에게 경제적으로 큰 피해가 발생한다. 그러니 힘들더라도 유족들의 합의를 주선해 주라 설득했다. 실제로 배상금액도 배 차이가 날 정도로 큰 차이가 있음을 전했다. 그것도 중국법적 처리에 따라 어느 세월에, 유치금 중 얼마나 가족의 손에 들어갈지도 모를 일이니 양측 손해가 막심한 일이었다. 그리되면 실제 사망자와 신분이 다르니 이를 확인하기 위해 중국 공안에서 또 유족들이 조사를 받는 등 첩첩 산중이라고 그도 거들며 한마디 더한다. 사람이 고생 고생하다 죽음마저 고통스럽게 맞이했는데도 정작 슬퍼하는 사람은 이 자리에 오지도 못하는 그의 노모뿐이란다. 나머지 사람들은 모두 잿밥에만 관심이 있다고 한심해하며. 자신의 고향 어머니를 통해 들은 이야기를 전한다.

아들의 죽음을 전해들은 어머니는 몇 날 며칠을 울다 까무러치기를 몇 번이고, 얼마나 울었는지 눈이 짓물러 앞을 보지 못한다는 것이다. 아들이 한국에 있을 때도 행여 전화가 올까 기다리며 전화가 있는 이웃집 마루에서 나날을 보냈다고 한다. 자신의 어머니와 오랜 지기인 그의 어머니 부탁이 아니라면 자기는 이 일에 일절 관계치 않았을 것이라며 안타까워한다. 나는 술 체질은 아니나 오늘 저녁에는 한 잔 마셔야 잠이 들것만 같다.

창문을 조금 열고 눈 내리는 밖을 보며 담배 연기를 길게 내 품는 홍 선생 역시 술 생각이 간절한 모양이다. 한국행은 이화 모녀와 이화 큰아빠 이렇게 세 사람이 가는 것으로 최종 결정되었다. 이미 이혼한 이화 엄마는 초청자 자격이 없어 애를 먹었다. 허나 달리 방법이 없어 건설회사에서 출입국 관리소에 전후 사정을 설명하고 세 명 초청장을 받느라 며칠 시간이 걸렸다. 도착한 조청상으로 중국 여권을 발급 받느라 또 며칠. 그 기간을 기다릴 수 없어 준비 완료 후 위해에서 만나기로 약속하고 홍 선생과 나는 먼저 위해로 내려왔다.

돌아오는 길은 일주일에 한 번 운항하는 목단강 발 연대 행 비행기를 이용하니 출발 두 어 시간 만에 위해 숙소에 도착하였다. 돌아온 길이 갔던 길인가 싶다. 대련 발 위해 행 밤 여객선의 도착시간은 새벽 3시 경이다. 그러나 기상상황에 따라서 두어 시간씩 차이가 나기도 해서 일정치 않다. 그들이 오겠다는 날은 몇십 년만의 강추위라고 한파주의보가 내려진 날이었다. 마터우(부두)에 마중을 갈까 하다가 배에서 내리면 곧바로 전화하라 일러 주었으니 그리 믿고 잠이 들었다가 깨어보니 여섯 시를 지나고 있다.

도우미 아주머니에게 새벽에 온 전화 확인을 하여도 온 적이 없다고 한다. 전화벨이 울렸으면 귀를 세우고 토끼잠을 잔 나도 못 들었을 리 없다. 분명히 어제저녁 대련 부두라고 연락이 왔었는데 이상타 싶어 부랴부랴 부두로 나섰다. 부두까지는 걸어서 오 분, 뛰면 삼 분 거리의 지척이다. 이내 도착해 찾아보아도 사람이 보이지 않는다. 부두 대합실은 어디 들어설 곳도 없는 구조인데다가 당시만 하더라도 난방은커녕 전등도 필요시만 켜던 시절이었다.

아직 어둠이 짙게 남아 있는 부두는 냉동실 같은 추위에 내부 공기마저 꽁꽁 얼어 있는 느낌이다. 배가 아직 도착하지 않았으면 마중 나온 사람이나 호객꾼들이라도 서넛은 보일 터인데 인적 하나 없다. 혹시 싶어 희미한 알전등 켜진 화장실 안으로 들어서니 세상에나! 세면대 옆에 그들이 서로 등을 맞대고 웅크리고 앉아 있다. 나를 보더니 미소를 짓는데 근육이 굳어 우는지 웃는지 모르겠고 쉽게 일어서지도 못한다. 그래도 아이에게는 자기들 옷을 입혀 곰처럼 만들어 놓고 날 기다리고 있었다. 너무 추워 말도 잘 못하는 그들을 집으로 데려와 더운물을 먹이는 등 한창 부산을 떤 후, 집주소와 전화번호를 주었는데 왜 연락 하지 않았느냐고 다그치듯 묻자, 그들 대답에 어안이 벙벙하다. 시간이 너무 일러 내 잠을 깨울까 봐 일곱 시가 되면 전화하려 했다는 것이다. 이런 예의가 나를 배려하는 일인지, 고문하는 일인지 모르겠다.

당일 청도에 주재하는 영사관으로 가서 비자 발급을 받을 계획이었으나 그들의 상태가 여의치 않아 하루를 휴식한 뒤 다음날 가기로 하였다. 모녀는 도우미 아줌마 방에 이화 큰아빠와 동생 그리고 돈을 빌려 주었다던 사촌형은 손님방에서 쉬게 했다.

그들이 방으로 들어간 뒤 한 시간도 안 돼 사촌이 면담을 요청하였다. 집 밖에서 이야기하자는 것을 내 방으로 불러 들어 보니 역시 돈 이야기다. 이화 아빠가 출국 시 자신의 집을 사채 하는 곳에 저당 잡히고 오만 원을 빌려주었는데, 아직 원금 삼만 원에 이자까지 하면 사만 위안은 받아야 해결된다는 것이다. 왜 그 이야기를 나에게 하느냐고 물었더니, 그 돈을 못 받으면 자신들의 가족은 길거리로 쫓겨난다고 눈에 눈물이 고인다. 그러면서 친형제들도 못한 일을 자신이 도왔노라 한다. 사연을 들어 보니 딱할 노릇이나 내가 어찌할 것인가, 가족들끼리 잘 상의해보라 할 밖에,

그가 코를 빠트리고 돌아간 뒤 얼마 안 되어 이번에는 형 되는 사람이 좀 보잔다. 그의 부탁은 아주 노골적이다. 자신을 동생 사망 보상금이 얼마나 되느냐? 이런 경우 중국 법에는 젖값이라고 해서 어머니 몫이 있지만 한국 법에는 없다는데, 이화 엄마가 안주면 받아낼 방법이 없느냐, 그리고 아직은 이화엄마가 젊은데 시집이라도 가버리면 조카딸은 어떻게 하느냐, 내가 자기들 전문 변호사나 해결사라도 된단 말인가? 답답한 심정은 이해가 되나 내가 도울 수 있는 일이 아니라고 답해 주어도 막무가내로 공안이 모든 것을 나에게 부탁하라 했다며 끈질기다. 그나마 이화 엄마는 조용하다 싶었는데 이들과 집에서 점심을 먹던 중 전화벨이 울린다. 이화 외삼촌이 오후 배를 이용하여 부두에 내렸다고 집으로 찾아온단다. 허, 이거 참.

그는 차림새도 말솜씨도 도회지 물 좀 먹은 양, 다른 사람들에 비해서 기

름기가 있다. 자신이 가야 할 길을 동생이 간다며 말머리를 시작하더니 한국 노동법까지 운운한다. 그의 길어지는 열변을 중단시키고 그에게 물었다. 지금 그 이야기를 왜 나에게 하느냐? 그리고 그들을 다 불렀다. 내가 할 일은 당신들 연락처를 한국에 전해 주는 것으로 진즉 끝났다. 그러니 나머지 일은 이제 여러분들 스스로 결정 해라, 하고 선을 그었다. 손님방으로 들어간 그들의 대화는 저녁식사 시간이 다 되어가도 끝이 없다. 도우미 아줌마가 저 사람들 밥도 준비해요? 하고 볼멘소리를 한다.

그러는 와중에 한국 선배에게서 전화가 왔다. 영사관에서 방문 시 회사 대리인을 동행하라는 연락이 왔다며 나더러 함께 해주라는 부탁이다. 그것뿐이 아니다. 그들과 한국까지 동행하여 주란다. 순간 화가 났다. 무슨 말을 하는 거냐? 이거 해도해도 너무 하는 거 아니냐? 지금 이곳 상황을 아느냐? 인생사 처음으로 남에게 멱살을 안 잡혔나, 어쩌고저쩌고… 전화 저쪽이 조용하다. 듣고 있느냐고 다그치니 한마디 한다. 그려 동생 미안허이, 짐작은 하고 있었네. 사람 죽은 일인디 멱살 잡히고 뺨 맞고 했것제, 미안허이, 미안……. 수화기를 내려놓았다. 속이 편치 않다. 평소의 사람 좋은 노가다쟁이 호걸 목소리가 아니라 더욱 그렇다.

두어 달 참았던 담배를 피워 물었다. 목이 맵고 눈이 아리다. 그처럼 그리워하던 맛이 아니다. 두어 모금 만에 꺼버리고 창문을 열었다. 머리는 조금 맑은진 듯하나 이내 몸이 떨려오며 춥다. 생각해 보니 그간 선배에게 받은 도움이 한둘이 아니다. 우리 집안 선산 일을 할 때는 부탁도 하지 않았는데 장비를 가져와서 며칠을 수고하고도 내색 하나 않고 자신에게 알리지 않았다고 오히려 서운해하던 선배다. 어디 그뿐인가, 두어 달 전에만 해도 토목기사 자격을 소지한 조카 취직도 앞장서서 해결해 준 그가 아닌가. 이런저런 일로 신세진 일이 한두 번이 아닌데 난 도운 적이 있던가? 이건 아니다 싶다, 하는 생각이 들 무렵 전화벨이 울린다. 죽마고우다.

'야 너도 이국에서 고생하는지 알고 있다만 지금 노가다 홍코(선배 별명) 형 이번일 해결 안 되면 부도다. 부도' 시공(직접 일하는 전문 건설회사)에서 해결 못 하면 시행(일을 발주한 대형 건설회사)에서 대사관과 해결한단다. 그럼 홍코형 인생 꽝이다. 홀딱 벗고 도와라, 시한 며칠 안 남았다.' 좀 전 통화 시 옆에서 듣고 있었던 모양이다. 현직 판사인 친구 놈이 좀처럼 이런 전화할 위인이 아닌데 정말 사정이 급박한 모양이다. 그래! 언제가 언제 일라디, 홀딱 벗으마. '알았어 마! 호들갑 떨지 말고 넌 홍코형 데리고 가서 순댓국이나 멕여서 재워 이 땡초야.' 생각이 바뀌니 일순서가 쫙 버리에 그려진다. 그렇지! 이것이 내 장점이기도 하지. 도우미 아주머니에게 저녁준비 접고 앞 중국식당에 가서 큰 방 예약하라 하였다. 젊었을 적 소학교 선생님 출신인 아주머니는 내 뒷바라지를 오래 해서 내 표정만으로 눈치가 짜한다. 금세 자신의 역할을 생각하고 움직인다.

방에서 흐느껴 우는 이화 울음소리가 들린다. 내가 노크도 없이 문을 열자 모두가 긴장하는 모습이다. 잠시 후 식사하러 갈 것이니 모두 준비하라 이르고 이화만 먼저 데리고 나왔다. 내 방으로 데리고 가서 아빠를 기억하느냐고 물으니 고개를 끄덕거린다. 가끔 아빠가 학교로 찾아와서 만났다고 한다. 한국 가기 전에도 학교에서 만나, 조금만 참으면 돈을 많이 벌어와 좋은 집 사서 모두 함께 살자고 약속했다고 한다. 지금 누구랑 사느냐 물으니 엄마랑 둘이 살고 엄마는 외삼촌이 운영하는 식당에서 일한다고 한다. 외삼촌 열변 중 동생이 이혼 후 친족들은 아무도 이화 모녀를 돌보지 않은 것을 자신이 돌봐 왔다는 말이 이 뜻인 모양이다. 행복했느냐고 물으니 고개를 숙이고 대답이 없다. 할머니를 만나 봤느냐고 물으니 이내 눈에 눈물이 고인다. 자기는 할머니랑 살고 싶단다. 방학 때는 주로 할머니 집에서 지냈다고 한다. 이런저런 사정이 대충 그려진다. 이화는 생각보다 훨씬 똑똑했다. 그리고 어리지만 생각이 있는 아이 같다. 앞으로 네 생각이 아주 중요하다. 그러니 좋으면 좋다, 싫으면 싫다고 확실히 표현 하라고 일러 주었다. 알았느냐고 확인하니 눈물을 그렁그렁 매단 체 고개를 끄덕이며 '따수수(큰삼촌) 저희 때문에 안 됐어요(죄송해요).' 한다.

아비를 잃고 이런저런 모습들을 지켜보아야 하는 아이의 마음을 생각하니 가슴이 저려온다. 지금 이 아이의 심정을 방에 있는 사람들은 생각이나 하고 있을까. 아니다. 그들만이 아니다. 저들은 놔두고 그동안 내 눈에는 왜 이 아이가 읽히지 않았던 것일까? 나 역시 마음속으로는 그동안 내가 사용한 경비계산이나 하고 있었던 것은 아닐까?

3. 임중도원 (任重道遠)

평소 존경하던 비구니 도의 스님께 전화를 드렸다. 간단히 사연을 설명하고 우선 망자를 위한 기도를 부탁드렸다. 나는 천주교인이나 신자도 아니었던 그를 위해 교회에 부탁할 수도 없는 일이다. 이런 일이 교리에 어긋나는 일인지 모르겠다. 허나 '부처님!'만을 연호하고 계신다는 고향 어머니 마음이라도 그에게 전달해 주어야겠다는 생각이었다. 그리고 이화 큰아빠를 불러 동생과 함께 일했던 고향사람들 연락처를 확인하니 두어 곳 번호를 내놓는다. 국제전화를 시켰다. 그들의 신변문제는 회사에서 책임지니 걱정말고 빈소를 지켜줄 것을 부탁하라 했다.

위해에서 그들과 마지막 담판을 하였다. 지금부터 내가 제시하는 의견을 여러분이 동의하면 모두가 중국으로 돌아오는 마지막 순간까지 나도 함께하겠다. 하지만 아니면 지금 오늘 저녁 식사를 마지막으로 손을 떼겠다고 선언하는 것으로 그들과 담판을 시작하였다. 이야기 나온 김에 중국 사람들의 의식에 대해 기억해둘 일이 하나 있다. 세상 어디서나 마찬가지겠지만 특히 중국에서는 쉽게 약속이나 장담을 해서는 안 된나. 약속이행이 안 될 때는 상당한 책임, 즉 법적 책임보다 훨씬 큰 개인적 관계의 책임이 돌아온다. 허장성세(虛張聲勢)로 큰 변을 당하는 경우를 본 적이 종종 있다. 주의할 일이다. 그들에게 내 생각을 알렸다. 앞으로 모든 일을 결정하는데 세 가지 중점 즉, 이화 아빠의 마음을 헤아리는 일이 첫 번째이다. 두 번째는 이화에게 도움이 되는 방향으로 처리되어야 한다. 세 번째는 한국 법과 중국 법에 근거해야 한다.

모두 동의 하는데, 외삼촌이 구체적으로 어떻게 도와줄 수 있는지 묻는다. 역시 중국에서도 수돗물을 먹고 사는 사람은 대화가 다르다. 한 마디로 잘랐다. '나도 지금부터는 중국 사람이 되어 여러분 편이 되는 것이다. 됐나?' 이어서 그에게 물었다. 비슷한 경우가 있었을 터인데 그 사람들은 어찌 처리되었는지? 기다렸다는 듯이 외삼촌이 대답한다. 두어 달 전에 건설 현장에서 사망한 조선족 교포는 이십만 위안(당시 환율로 약 이천만 원)을 받았다고 대답한다. 그러자 착하나 조금 단순한 친형이 '그리 많이 받았나? 아무개네는 십만 위안 받았다는데?' 한다. 이 역시 짐작이 간다. '알았다. 그 중간인 십오만 위안까지는 내가 책임지겠다. 물론 더 받도록 노력도 하겠다. 보상금은 일차 합의가 되었다.

그러자 동생이 진심을 내놓는다. '우리 형은 이번에 한국 가면 남아서 돈 벌어야 한다. 도와 달라' 이건 불법체류 하겠다는 말인데 내가 답할 일이 아니다, 했더니 형이 돈 벌어야 둘째 형 한국 갈 때 자기들이 빌린 돈 갚을 수 있지, 그렇지 않으면 집안 전체가 큰일 난단다. 한국 갈 때 비용이 얼마나 들었나? 물어보니 초청장 사고 신분증 만들고 여권 만들고 등등 모두 팔만 원(위안)이 들었다고 한다. 당시 일반 농촌 한 가구 총소득이 일만 원 정도였으니 큰돈은 큰돈이다. 불법체류 문제는 나는 안 들은 걸로 하겠다. 내일 영사관에서 특히 말조심 하라고 단단히 당부하였다. 한국 가서 다 큰 어른이 어찌하든 난 모르는 일로 하겠다고 답했으니 법률적으로 '불법행위 모의에 대한 묵시적 동조' 뭐 이런 것에 해당되는 건 아닌지 모르겠다.

다음으로 사촌형 차용금 문제에 대하여 외삼촌이 자신들은 관여치 않겠다고 한다. 즉 친가 편에서 알아서 해야지 보상금에서 못 주겠다는 것이다. 내 중재로 어머니 몫인 젖 먹여 키운 값으로 중국법적으로는 십 프로지만 십 프로를 추가하여 나머지는 친형제들이 알아서 해결하기로 했다.

그리고 당시 목단강 시내 아파트 육, 칠십 평방(우리식으로 이십여 평) 아파트가 칠, 팔 위안하니 이화 명의로 한 채 살 것을 내가 건의하며 더불어 법적후견인으로 이화 엄마, 작은아빠, 공안 이렇게 세 명을 이화가 성인이 될 때까지 세우자고 주장했다. 외삼촌은 집을 사는 등의 문제는 자신들이 알아서 하겠노라 극렬한 반대가 있었으나 역시 중국에서는 인민재판 효력이 대단하다. 뜻밖으로 이화 엄마와 이화까지 동의하니 그도 방법이 없는지 입은 닫았으나 표정이 아주 별로다. 마지막으로 작은아빠가 강력히 주장한다. 이 일을 마지막까지, 즉 집 사는 일까지 나에게 봐 달라는 것이다. 아주 발목이 단단히 잡혔다. 이래서 '장부일언'은 무서운 것이다.

 싸발(퇴근시간) 시간으로 조금 늦게 식당에 온 홍 선생이 결정된 내용을 글로 작성해 모두에게 자필로 이름 적고 손도장을 찍으라고 한다. 그러면서 우리 김 선생 법 공부하셨나? 나보다 훨씬 박사네! 하며 밝게 웃는다. 식어버린 음식들을 다시 데우고 하는데, 큰아빠가 마음이 편해졌는지 오늘 저녁은 자기가 살 테니 새 음식 주문하려는 것을 말렸다. 자신이 서명을 해 뭐 하느냐며 끝까지 거부한 외삼촌은 식사 도중에도 자기 동생에게 중국말, 우리말 섞어 가며 지청구를 하는지 걱정을 하는지 둘 다 표정이 밝지 않은 데 비해 큰아빠는 자기가 한국 가면 사촌 돈은 책임질 터이니 어머니 몫 받으면 한(漢)족들 빚 정리부터 하고 나머지로 어머니 병원에 모시라고 사촌과 동생에게 신신당부한다. 못내 마땅치 않아 하던 외삼촌과 그나마 한시름 놓은 사촌은 각기 다른 표정을 지으며 당일 밤배로 귀향하였다.

다음날 영사관에서 사망진단서를 보더니, 위로를 해 주며 일 잘 보고 오라 한다. 한국행 비자 도장 하나가 워낙 대단하던 시절이라 그럴 일이 아닌데도 모두 잔뜩 굳었던 긴장감이 풀린다. 영사관이 있던 청도에서 위해로 돌아오는 길은 당시는 고속도로가 없고 국도를 이용하던 시절이었다. 연대를 지날 무렵 점심시간이 조금 지났다. 위해에 도착하면 늦은 점심 겸 저녁을 먹을 생각이었으나 회의차(영업행위를 하는 자가용 승용차)기사가 자신은 아침도 못 먹었노라고 길가에서 대충 때우자고 한다.

기사 포함 오인용 승용차에 아이라 해도 한 명이 더 타고 서너 시간을 쪼그리고 왔으니 피곤도 하여 쉬기도 할 겸 국도변 한적한 곳에 있는 식당에 차를 주차하고 들어갔다. 한 테이블 있던 손님도 곧 나가고 우리만 남아 음식을 주문하는데 이건 좀 분위기가 수상하다. 인가도 없는 도로변 식당에 손톱 밑이 시커먼 여종업원들 숫자가 십여 명이 훨씬 넘는다. 차림새 또한 손님인지 종업원인지 구분이 되지 않는다. 주문한 음식이 나오는데 도저히 입에 댈 수가 없다. 돼지고기에서는 돼지우리 냄새가 나고 생선에서는 비린내가 진동한다. 배가 고프다는 기사마저 한 입 먹더니 뱉어낸다. 일행 중 큰아빠가 수차 종업원을 불러 항의해도 대꾸도 하지 않고 여자들은 석탄을 물에 개어 사용하는 대형 난로 주위에서 잡담만 하고 있다.

동북지방 관습으로 큰아빠가 음식 접시 두어 개를 상위에 업고 일어서는데 여자들이 벌떼처럼 달려들어 우리를 둘러싸고 소리를 지른다. 큰아빠도 식탁을 손바닥으로 치며 맞받아 소리를 지르는데 접시 한 개가 바닥에 떨어져 조각난다. 여자들이 소리를 지르니 그동안 한 놈도 보이지 않던 건장한 남자들 십여 명이 주방에서 튀어나오는데, 아이고! 놈들 손에는 모두 직사각형 대형 식도가 들려있다. 이건 아니다 싶어 입구 쪽을 보니 어느 순간에 여자들 댓 명이 밖으로 나가 나무로 만든 덧틀로 창들을 가려 버린다.

식당 내는 그야말로 사람이 죽어가도 아무도 모를 고립무원이다. '뭐야 이거 왜 이래' 하며 나도 모르게 한국말로 항의인지 비명인지가 터진다. 여자들이 외궈런, 한꿔런 하며 남자들에게 날 지목한다. 여자 종업원들은 나와 이화 모녀를 둘러싸고 삿대질하며 소릴 지르고 두 형제와 기사에게는 벌써 손발이 날아들고 있다. 기사는 '워쓰 쓰지, 워쓰 쓰지'(나는 기사다, 기사) 하며 비명이다.

일순간이 지나고 놈들의 요구가 있다. 너희가 우리 명예를 훼손했으니 변상을 하란다. 그런데 놈들이 요구하는 변상금이 자그마치 이만 원이다. 그도 삼만 원은 변상해야 되나 외국인이 있으니 특별히 뵈주는 것이란다. 이건 순전히 계획적이다. 머릿속이 캄캄하고 어찌할 바를 모르겠다. 한 편으로 소리 지르고 발로 차며 강요한다. 순간 작은아빠가 찢어진 윗도리를 내던지고 속옷을 벗어 재끼더니 언제 들었는지 조그만 손칼로 자신의 팔과 배를 그으니 피가 튄다. 그 몸으로 그들 앞으로 다가서며 소리 지른다. '나 동북에서 왔다. 오늘 나를 죽여라, 그렇지 않으면 차후 너희는 모두 죽는다' 하며 눈을 뒤집는다. 이제보니 그의 몸에 칼자국, 문신 자국이 여러 곳이다. 놈들의 기세가 주춤하는 사이 운전기사도 떨리는 목소리로 저 한국사람 방금 청도 한국영사관에서 일 보고 오는 중이다, 하면서 날 한국대사나 되는 것처럼 말한다. 뒷전에 서 있던 녀석이 '니 꼴 라이봐(너 나

따라와 봐)' 하고 기사를 안으로 데려 간다. 잠시 후 기사가 나에게 팔백 원에 합의 보자고 한단다. 이게 합의인가 강탈이지.

새파랗게 질려 걸음을 못 걷는 이화를 안고 차가 출발하니 나는 그때서야 몸이 떨려온다. 인근 파출소로 가자 하니 그새 눈덩이가 부은 기사가 그래 보아야 득볼 일 없다고 말린다. 그놈들이 그놈들이라고. 속옷을 찢어 배를 감싼 작은아빠도 일행들 출국 일을 걱정하며 그냥 가자고 한다.

후에 다른 한국인에게 들은 이야기는 훨씬 더 충격적이었다. 가죽의류 회사 한국 사장이 원부자재를 싣고 운송 중 인가 없는 국도변의 식당, 즉 우리가 당한 곳과 아주 비슷한 그런 식당에를 들어갔다. 음식도 시키기 전에 그곳 여종업원에게 등 떠밀려 반강제로 쪽방으로 들어섰는데 식탁이 아니라 침대가 놓여 있더란다. 깜짝 놀라서 나오려는데 여자가 문을 막아서 실랑이를 하던 중 시커먼 여러 놈이 나타나서 지 마누라 어찌하려 했다고 난리를 치는데, 암튼 저녁 내 놈들에게 수모와 구타를 당하고 새벽녘에 내복바람으로 쫓겨나 몇 킬로를 걸어가다 지나가는 차량의 도움으로 인근 파출소에 신고를 했다. 파출소 공안 서넛과 그 식당에를 가보니 주인이 의자에 결박된 채 하는 말이, 저 한국 사람이 식당에 온 손님 여자를 어찌하려 하다가 그 일행과 시비가 붙었고 자기들은 저 한국 사람 변호해 주다가 그들에게 강도를 당했다고 하니, 이런 기가 막힐 일이 있는가! 한참 후 대도시 공안국에서 직접 조사 해 보니 트럭 기사까지 한 패인 패거리들의 짓이었다. 내가 들은 이야기의 진실 여부는 모르겠으나 내가 겪은 스토리는 첨가제 하나 섞지 않는 리얼스토리다. 어디 지금이야 어림도 없는 일이겠지만 그래도 내륙 깊은 곳 인가 없는 곳에서는 주의할 일이다.

　각설하고, 멀리 위해 시가지 모습이 보이자 전쟁터에서 생환한 듯하다. 일차로 들른 병원에서 한 바늘 꿰맬 것도 없는 전문가 솜씨라며 빨간약만 잔뜩 발라준다. 이제부터 또 무슨 일이 기다리고 있을 것인지? 좋은 일 하는 것도 결코 쉬운 일이 아니구나!

4. 애별리고(愛別離苦)

　역시 도의 스님은 생불이시다. 표현이 좀 그렇지만 장례식장이 진짜 장례식장답다. 망자 사진 앞에 놓인 상차림이며 목탁 치며 경 외우시는 소리, 곁에 있는 사람들의 표정들까지 스님이 아니시면 어림도 없는 경건함이다. 독경을 마친 스님이 들이시는 사람들을 보시더니 이화 엄마는 한 번 쳐다보고 고개를 돌려 버린다. 이화에게 먼저 절을 시키시고 이어서 큰아빠 그리고 나에게도 수고했으니 절 받으라고 절을 시킨다. 이화 엄마를 한쪽으로 불러 마누라 때문에 망자가 많이 외로워하다 갔으니 이제라도 뉘우치고 딸에게 잘해야 한다고 다짐을 받는다. 이 양반이 기도 중에 이화 아빠를 만나고 오셨나 보다. 뒤늦은 이화 엄마의 애절한 통곡 속에 밤이 깊어진다. 말없이 눈물만 흘리는 이화를 스님이 꼭 안아주며 '너는 중국 가지 말고 나와 여기서 살자' 하신다.

　보상금은 기본보험에서 나온 천만 원 그리고 내 소식을 전해 들은 선배가 천만 원을 따로 준비했다. 그리고 발 넓은 몇이 모여 별도의 도울 길이 없을지 논의 중 기자 후배가 얼마 전 국내 처음으로 어떤 조선족 교포가 건설 공제조합에서 산업재해 보험처리가 되어 상당한 액수의 보험금을 수령했노라 한다. 모두 나서 적극 돕기로 했다. 니들 덕분에 중국에서 내 면(面)좀 서겠노라 공치사를 하니, 절에서 고시 준비를 할 때 어쩌다 한 번씩 외출 시에 스님 옷을 훔쳐 입고 삭발하고 다녀 땡초라 불리는 법관 친구 놈이 또 미운 소리 한마디 한다. '야! 마 너 이뻐서 그러냐? 이화 짠해서 그라제.' 그래 이놈아, 그러니 더 고맙제!

합의금 내용을 이화네 가족에게 전하니 큰아빠가 목단강 공안에게 전화를 부탁한다. 통화 후 공안이 무조건 나 시키는 그대로 하라고 했다 전한다. 이화 엄마는 연락할 곳이 없으니 나만 믿는다고 한다. 내가 정말 이 사람들 보호자가 된 기분이다. 그래도 내가 가장 의식되는 것은 말없이 날 보는 이화의 맑은 눈이다.

다음날 합의문 작성, 경찰서 조서, 사고 현장에서부터 스님의 인도로 시작한 장례식과 화장까지 그리고 위패를 절에 모시는 일까지 하루에 다 끝났다. 동행한 교포 동료들이 아직까지 건설현장 사고에서 이런 예우의 장례는 없었노라고 고마워들 한다. 처음부터 과정을 지켜보던 대형 건설회사 소장도 김 선생 일처리에 감탄했다, 수고 많았다, 하고 감사를 전한다. 말로만 하지 말고 그쪽도 성의를 보이라고 한소리 했더니, 을 처지인 선배는 갑의 눈치를 보며 부의금 조로 금일봉 했다고 날 말린다. 그 직원의 대답이 마음에 들지 않지만 어쩔 수 없다. 자기네 회사에서 한 달이면 두어 번 발생하는 외국인 인사 사고에 대한 사례가 있기 때문에 어찌할 수가 없다고 한다. 즉 모든 문제는 직접 공사하는 하도급 업체가 책임지고 처리해야 한다는 것이다. 그러니 유족들에게 금일봉 이상은 어렵고 대신 한국 사람인 내가 사용한 경비는 자기네가 부담하자고 본사에 품의를 올리겠단다. 이문 적은 공사에서 뒤처리까지 다 해야 하는 을은 늘 허리가 휜다. 어디 건설 현장뿐이랴. 인생살이 모두가 을은 서글픈 것을. 그러고 보니 내가 그간 사용한 경비도 만만치 않다. 스님께 이화 아빠 천도제 예물비도 드려야 하고….

모두의 노력 덕분으로 산재보험 처리가 되었다. 보상금액이 기본보험의 다섯 배 그러니까 약 오천만 원이 결정되었다. 아무리 많다 한들 사람 목숨값에 합당하겠는가만은 금일봉 등을 합하면 당시로는 칠천여만 원의 파격적인 금액이었다. 그전에 큰아빠는 동료들을 따라 떠나갔다. 적어도 걱정이지만 낳오노 이후 문세가 있을 것 같아 보상금을 수령하기 진에 위해 홍 선생에게 전화를 하여 목단강 공안과 작은 아빠에게 상의하라 하였더니 곧 연락이 왔다. 보상금에 모두들 깜짝 놀란다. 모두 이화의 권리이나 친권자는 이화 엄마이기 때문에 그녀가 동의가 중요하다. 중국에 들어오기 전 한국에서 모든 결정을 그녀와 하라고 적극 권한다. 내 정체가 무엇인지 혼란스럽다. 중국에서는 한국 건설 회사를, 한국에서는 유족들을, 이제는 누구 입장을 대변해서 누구를 설득해야 한단 말인가?

그녀를 데리고 이화 아빠 위패가 놓인 도의 스님 암자로 올라가 산재 결정을 알렸다. 그녀 역시 생각 밖의 큰돈에 정신이 없다. 먼저 이화 명의로 사자던 아파트에서 상가 구입으로 금액을 대폭 인상시켰다. 매달 임대료가 나오면 이화 학자금으로 사용하자고 하니 망설이다가 동의한다. 그런데 어머니 몫과 사촌 차용금으로 약속한 이십 프로에 적극 반대 한다. 어머니 몫 십 프로는 인정하지만 그 이상은 못 주겠다고 한다. 하나를 얻으려면 하나를 내놓아야 하는 것이 협상의 철칙 아니겠는가. 어머니 몫을 합해서 천만 원으로 결정되었다. 위해에서의 합의한 이행문서를 다시 작성하였다.

  돌아갈 날이 결정되고, 이화에게 중국 아이들에게는 꿈의 동산인 놀이터 구경이라도 시켜 주고 싶었다. 그간 뭐가 그리 바쁜지 고향사람들을 만나고 다니던 이화엄마도 동행하자 권했으나 그날도 만나볼 사람들이 있다고 우리만 다녀오란다. 처음 접하는 신기한 놀이 기구들 사이에서 아이는 구경만 할 뿐 타려고 하지 않는다. 무슨 걱정이 있나 싶어 수차 물어보니. 풀이 죽어 들릴 듯 말 듯한 목소리로 '우리 엄마 중국에 안 간대요' 한다. 위해에서 하룻밤을 지낸 다음날 도우미 아줌마가 하던 말이 생각난다. '김사장 조심 하라요. 저 안까이 한국 가면 도망칠 끼라요.' 이해 못 할 일은 아니다. 한국서 한 달 일하면 중국에서 일 년 수입이니 누군들 욕심나지 않겠는가? 그래도 이 경우는 다르다. 적지 않는 보상금을 받았고 딸만 하나 덜렁 있는데 안 돌아갈 리가 없다. 만약 아이만 홀로 돌려보낸다면 엄마 자격이 없는 여자일 것이다.

  드디어 떠나기 전날 그녀가 우리와 함께 가지 않고 자신은 한국에 남기로 했다고 통보한다. 정말 화가 났다. 당신 이화 친엄마 맞느냐고 큰소리쳤다. 그간 내가 헛고생한 것 같은 생각에 조금 듣기 심한 말까지 섞어 앞

뒤 없이 나무랐다. 한참을 고개를 숙이고 듣고 있던 그녀가 입을 연다. 이화를 생각해서라도 자신은 잠시 한국에 있어야 한다며 사연을 전한다. 보상금액은 중국 현지에서는 적지 않는 돈이다. 벌써 고향에서는 이 일을 다 알고들 있을 것이고 자신이 귀국하면 또 일파만파 시끄러워진다. 그리고 그녀들의 성화에 약속한 일들이 계획대로 되지 않을지도 모르니 자신은 당분간 보이지 않아야 한다고 한다. 자신의 친정붙이들은 이화 친가 사람들과는 다르다며 이혼한 사연을 전한다. 개방 이후 친정에서 얼마간 돈을 빌려 농산물 사업을 시작했던 남편이 경험 부족으로 실패했다. 그 뒤로도 수차 계획대로 되지 않아 속상해 하며 술을 과하게 마시고 그로 인해 자신과도 의가 틀어져 이혼까지 하게 되었다. 이혼 후 얼마 되지도 않는, 친정 오라비 빚 독촉에 한국행을 결심했다며, 남은 모르지만 허리 때문에 힘든 일을 할 체력이 안 되는 이화 아빠가 사신 때문에 이리 되었다고 울먹이던 목소리가 오열로 바뀐다. 자기 손으로 번 돈으로 오라비 빚 갚으면 곧 돌아가겠노라고 한다.

　난 그저 이 급한 성미 때문에 문제다. 늘 반성해도 이 모양이니 원! 그래도 그녀의 이야기를 듣고 보니 없던 기운이 솟는 기분이다. 그동안 도와주셔서 정말 고맙다며 이화를 부탁한다. 모든 일은 고향에서 존경받는 공안과 상의해서 알아서 해 주시라고 당부한다. 벌써 자기 일자리는 알아봐 놨으니 자신은 돈이 필요 없다며 계획처럼 시어머니 몫 드리고 상가를 사고 나머지는 이화 명의로 통장에 넣어 달라고 한다. 가능한 한 빨리 돌아가길 바란다는 말 밖에 위로의 말이 생각나지 않는다.

중국 개방 초기 조선족들 사이에서 들불처럼 번졌던 한국행 드림 뒤에 남들이 모르는 그네들만의 가슴 아픈 사연들이 너무도 많았다. 이화네는 그 뒤로 오륙 년 간혹 연락이 있었으나 그 후로 소식이 두절되었다. 이제 이화도 학부형이 될 나이가 되었다. 저 같은 딸 낳고 행복하게 잘 살고 있겠지.

조선족 마을 방문기

첫 번째, 이산가족

　세 번째 중국행은 1994년 10월 하순 경이었다. 당시만 하더라도 중국행 교통수단은 인천에서 배를 이용하는 것이 일반적이었다. 도착항 항구에서 즉석으로 발급받는 선상비자의 편리함도 배를 이용하는 장점이었다. 세 번째 역시 지난 두 번과 동일한 행로라 이번에는 심적 여유도 생겼다. 일찍 저녁을 먹고 어두운 밤바다를 볼 요량으로 뱃머리로 나갔다.

　지난 두 번의 중국행은 선내에서 초청장 신청 등 잡다한 일들로 정신이 없기도 했지만, 밤에 파도가 거세 선실 밖으로 나갈 엄두를 못 내었다. 그러나 언제 그랬냐는 듯이 날이 갠 이튿날 아침, 사람들을 따라 무심결에 올라선 뱃머리에서 목격한 아침 바다는 참으로 황홀했다. 해를 머리에 올리고 휘황한 황금빛 망토를 길고 넓게 드리운 바다의 모습이 장엄하기까지 하였다.

　그날의 아침 바다를 생각하니 밤바다에 대한 기대도 적지 않았다. 자판기에서 커피 두 잔을 빼서 한 컵에 채워 들고 뱃머리로 올라갔다. 그런데 웬걸, 기대가 크면 실망도 크다더니 먹구름이 잔뜩 끼여 하늘도 주위도 온통 어둠뿐이었다. 뱃머리에 부서지는 파도만이 하얗게 빛나 보였다. 조금 서운한 마음으로 커피를 한 모금 하는데, 옆에 있던 사람이 " 불 좀 있시

오?" 하는 투박한 인사를 건네 왔다.

이렇게 시작된 그와의 대화는 이런저런 이야기로 이어져 꼬박 날을 새다시피 하였다. 상호 대화도 잘 통했지만 국내에서도 흔치 않은 동성동본 조선족인 그를 통해 중국 사정에 대하여 이것저것 알고 싶은 일들이 많았다. 그리고 하선 때부터 이번 여행의 목적지인 심양까지 안내할 통역도 필요한 형편이었다. 도착 항구인 위해에서부터 대련, 심양까지 오륙 일을 함께하다가 그는 자신의 고향인 도문으로 떠났다.

심양에서 십여 일간의 업무를 마친 후 그의 안부 겸 초청 전화를 받고 그가 있는 도문행을 결정하니 심양에 있는 현지 지인들이 놀라서 말린다. 여기는 한국이 아니란다. 잘 알지도 못하는 사람을 믿고 연고 하나 없는 곳을 방문하려는 나의 무지에 대한 걱정들이었다. 더욱 내가 가려는 그곳은 삼국 즉 북한과 중국, 러시아의 인접지역이라 대형 사고가 적지 않다는 것이다. 그러나 나는 그를 믿기로 했다. 뱃머리부터 함께 하는 며칠 동안 나누었던 그의 따뜻하고 솔직한 언사와 행동이 믿음을 주었기 때문이었다. 나와 동성동본이라는 씨족에 대한 믿음 역시 작용했을지도 모르겠다. 그러나 내 결심의 가장 큰 이유는 당시 북한 주민들 상황이 굶어 죽는 사람들이 태반이라는 뉴스를 접한 후 뇌리를 떠나지 않던 북녘 동포들에 대한 연민이었다. 그 동정이 갈증이 되어 더욱 나를 그리로 향하게 했는지도 모른다.

연길 화차 잔(기차역)으로 마중 나온 그의 모습은 고향이어서 그런지 한껏 여유가 있어 보인다. 누구 차인지는 모르나 이차세계대전에서나 사용했음 직한 러시아산 승용차를 기사까지 대동하여 마중을 나왔다. 어지간히 낡은 그 차는 자동차 바닥이 삭아 도로 바닥이 보일 정도였다. 이건 뭐 골동품이 따로 없었다. 연길 기차역에서부터 한 시간을 넘게 걸려 밖이 완전히 어두워져서야 도문 시내에 도착했다.

차창 밖으로 보이는 도로 옆 상가는 아직 여덟 시도 안 되었건만, 이미 철시를 했는지 횡하기만 한 데다 바람까지 불어 낙엽만 뒹군다. 그가 식사부터 하자는 것을 여장 먼저 풀자고 하였더니 빈관(여관)으로 안내하겠단다. '지난번 대화 때 아파트에 혼자 산다더니 그리 가면 안 되는가?' 하였더니 머리부터 긁는다. 저는 괜찮은데 형님이 지내기 어려울 것이라고 머뭇거린다. 평소 나는 어지간하면 잠자리 탓은 안 하는지라 앞장서며 그의 집으로 가자고 재촉하였다.

도착해 보니 그가 정작 사양할만하였다. 외노는 오층 아파트였으나 내부는 창고에 칸을 막아 놓은 듯한 단칸방이었다. 방은 소박하다 못해 조라하기까지 하였다. 벽도 벽지 대신 회칠을 했는데, 그마저 오래돼 벗겨진 곳이 더 많아 보였다.

"험하지요?" 하고 어색해하기에 "홀아비 냄새가 안 나는 걸 보니 누구 있나?" 하고 부러 딴청을 피웠다. 실실 웃는 것이 정말로 그새 누가 생겼나 보다. 느려터지긴 해도 정 담긴 그의 말에 누군가 넘어간 모양이다.

저녁식사 하러 가는 사이 "누군지 불러오지? 이 사람아 인사는 시켜야지" 했더니, 머릴 슬슬 만지더니 "안 그래도 오라 했시오." 한다.

시골 농가 같은 찬팅(식당)으로 들어서니 예약을 해 두었던지 주인이 나오며 방으로 안내한다. 기차에서 내리면서부터 얇은 옷차림에 움츠러진 몸이 방에 불을 지폈는지 이내 등이 쫙 펴진다. 조금 있으니 남자 한 명과 여자 세 명이 들어와 인사를 한다. 남자는 그의 집안 동생이고, 여자 일행 중 가장 나이 있는 이가 그와 전에 한 직장을 다녔던 동료이고, 나머지 두 명은 일행이라 한다. 상을 차리는데 이건 종류가 십여 가지가 넘어 아예 잔칫상 차림이다. 다른 반찬보다도 더덕무침이며 고사리나물에 소탕(육개장 비슷한 소고기 국인데 고춧가루가 안 들었음)과 고춧가루는 스쳐만 간 듯했어도 적당하게 발효돼 아삭한 맛이 일품인 김치가 그간 며칠 기름기에 시달린 입맛을 당기게 한다.

한 잔씩 돌아가며 끝없이 권하는 중국 술 문화를 잘 알기에 미리 내 주량이 많지 않음을 고백하고 양해를 구했다. 독한 동북(중국 길림성, 요령성, 흑룡강성을 동북 삼성이라 한다) 빼주(중국 소주) 두어 잔에 벌써 거나하게 흥이 오른다. 동행한 일행들은 자리를 흥겹게 하기 위해 손님이 오면 도와주러 온 좋은 의미의 도우미들이었다. 이 또한 이곳의 풍습인듯하였다. 술도 노래도 두어 순배 돌아가는 사이 몇 번을 사양하다가 마지못해 음치 수준인 노래 솜씨로 '홀로 아리랑'이라는 노래를 부르니 노랫말이 긴 노래인데도 한 소절도 끝나기 전에 모두가 합창을 한다. 남북한, 그리고 중국 조선족 모두가 한 동포임을 노래하는 그 가사를 젊은 조선족 교포들 치고 모르는 사람은 거의 없다고 한다. 그네들 모두 한국, 북한 노래를 불러제끼는 솜씨가 어지간한 가수 못지않은 수준들이다.

한국노래는 한국에 다녀오는 귀국자들이면 모두가 가져온다는 한국방송 가요무대의 비디오를 통해 배웠다 한다. 적당하게 오른 술과 분위기에 노래방 기계가 없어도 상을 두드리며 모두가 흥겨운 자리였다. 우스갯소리를 포함한 정담들로 헤어지기 아쉬웠으나 자리를 파할 때는 어느덧 자정이 가까워질 무렵이었다. 중간 화장실 가는 사이 계산을 하려 했더니 그가 이미 계산을 다 했다며 주인은 손사래를 친다.

일행들과 헤어진 후 그의 집으로 돌아와 여성들의 늦은 귀가를 걱정했더니 "걱정 마시유, 모다들 생과부라요" 한다. 놀라서 "뭐?" 하고 되물으니 전 동료는 나그네(남편)가 소련에 돈장사 갔다가 총 맞아 죽은 지 몇 해 되었고, 나머지 두 사람의 나그네들도 한국으로 돈 번다고 나가 몇 년씩 되었다 한다. 이곳 젊은 사람들 거의가 한국행을 꿈꾸고 있으나 자식들 때문에 망설이고 있단다. 그리고 보니 일행 중 한 명이 다음 달 한국에 간다는 이야기를 얼핏 들은 듯하다.

"부모들이 그리 둘 다 나가면 애들은 어찌하누?" 하고 물으니 "아내(할머니) 아바이(할아버지)가 있으면 봐 주지만 그도 없으면 친척이나 이웃에 돈 주고 맡기고 나가지요" 하고 답하더니 혼잣소리처럼 "대방(부인이나 남편)이 출국하면 그날로 그 집은 박살나는 거지요. 우리처럼," 그는 깊은 한숨을 쉬며 속마음을 털어놓는다.

개방 직후 한국에 나간 그는 일 년 넘도록 이런저런 사연으로 집에 돈을 보내지 못했다. 형편이 그리되자 미안한 마음에 집과의 연락도 두어 달에 한 번씩밖에 하지 못했다. 중국에 남은 그의 부인은 그가 한국을 나가기 위해 차용한 빚 독촉에 시달리다가 소학교에 갓 입학한 아들을 언니 집에

맡기고 두 해 전에 일본으로 건너갔다. 그의 부인은 일본으로 나간 지 서너 달 후 한국에 있는 그와 연락이 두절 되어 버렸다.

돈벌이 출국은 개방 이후 연변 지역에 역병처럼 퍼졌다. 그로 인하여 고아 아닌 고아들이 넘치고 조금 나(나이) 먹은 아이들은 탈선이 많아져 조선족 동포 사회 전반이 무너지고 있다고 장탄식을 한다. 자기도 아들 문제로 귀향은 했지만 앞으로 어찌해야 할지 막막하다고 말을 흐린다. 기왕 한국에 간 김에 돈 좀 더 모아서 오지 그냥 왔느냐는 나의 안타까운 질책에 아픈 고백을 한다.

그는 사실 일 년여 전에 아들을 맡아 기르는 처형에게서 연락을 받았다. 그의 부인이 일본에서 자리를 잘 잡았으니 중국으로는 돌아오지 않겠다는 통고였다. 그랬는데 달포 전에는 아들마저 일본으로 데려가겠다는 최후통첩이 왔다. 그래서 서둘러 귀향한 것이다. 그동안은 일본 간 처가 그를 대신해서 적지 않은 빚을 모두 해결해 주었고 아들 뒷바라지까지 홀로 했으니 책임을 다하지 못한 죄책감에 밖으로는 침묵으로 일관했다. 그러나 정작 일본에서 귀국하지 않겠다는 처의 결정을 전해 듣고 서러움과 배신감으로 몇 날 며칠을 고열에 시달리며 잠 못 이룬 채 끙끙 앓아누웠다. 그런데 이제와서 또 아들까지 일본으로 데려가겠다는 것은 도저히 용납이 되지 않았다. 일언지하에 거절하고 이를 막기 위하여 귀국하였다. 그러나 '엄마도 없이 혼자서 아이를 잘 키울 수 있나? 애 장래를 생각해서라도 자리를 잘 잡은 엄마에게 당연히 보내야 그나마 애비 노릇 하는 거 아니냐?'며 닦달하는 처형 말도 틀린 말은 아니라서 그 생각만 하면 어찌할지 몰라 숨이 막혀 온다고 한다.

소문에는 처가 일본에서 능력 있는 재일 교포를 만났다고 한다. 그간의 사연을 전하는 그의 목소리는 전과 달리 힘이 없고 메마르다.

"여기 사람들은 한국에 나가기만 하면 모두 떼돈을 벌 줄 알지만 어디 그리 쉽나요?"

"그런데 왜들 다 한국에 가려고 하나?"

"그 짓이라도 해야 여기서 집이라도 하나 장만하고 아이들 학교라도 보내지요. 한 달에 천 위안 남짓 공자(월급)받아 언제 집 장만하고 아이들은 어떻게 상급 학교를 보내나요. 돈값은 날마다 떨어지는데"

단칸방에 그와 나란히 누워 있으니 따뜻한 구들에 온몸은 잦아들지만, 마음에는 창밖처럼 찬바람이 일렁인다. 나도 모르게 잠에 빠져드는데 어디선가 아이의 서러운 울음소리가 들린다. 아미 꿈인지도 모르겠다.

두 번째, 아, 한 많은 두만강아!

두만강은 노 젓는 뱃사공이 없는 강이었다. 북한 남양과 중국 도문을 잇는 다리는 낡았고 폭도 좁았으며 길이도 생각보다 훨씬 짧았다. 북쪽은 모르겠으나 중국 쪽은 국경이라는 생각이 들지 않을 정도로 조용하다. 출입국을 관리하는 변경부대(출입국 사무소)원들의 모습도 한산해 보인다. 다리 바로 앞에 군대 막사 같은 재래시장이 있어 들러 보았다. 그곳에서 파는 물건은 거의 다 북한에서 나온 것이라 해 일부러 둘러봤으나 별것도 없다. 몇 해 전만 하더라도 이 시장에는 물산도 사람도 풍요로웠다는데 부실하기 그지없다.

도문 다리 변 국경선 지역을 가기 전에 현지 아우로부터 충분한 소양교육(?)을 받았다. 현지인들이나 북조선 사람들과 대화할 때 북쪽 체제를 비난하는 말은 일절 하지 마라, 특히 김일성 부자를 욕하는 말은 생명의 위협을 받을 수 있으니 아예 입에 담지 마라 등등.

그동안 나는 이곳에 오면 북한 사람들을 직접 만나보고 그쪽 사람들의 근황도 들으려니 생각했는데, 기대와 달리 다리 부근만 별 볼일 없이 한참을 배회하였을 뿐이다. 별 소득 없이 동생의 친구가 운영한다는 인근의 구멍가게처럼 생긴 조그만 화랑으로 들어섰다. 그곳은 북한 화가들의 그림과 자수품들을 전시해 놓고 파는 곳이었다. 한국화 한 점이라도 사 주려니 했는데, 전시된 그림들 수준이 기대치에 훨씬 미치지 못한다. 자수품 역시 조잡하여 고르지 못하고 있는데 초라한 한 여인네가 보따리를 이고 가게 안으로 들어서려다 우릴 보더니 멈칫한다. 가게 주인이 괜찮다며 들어오라고 하며 여인네의 짐보따리를 빼앗듯 받아 쥐었다. 가게 주인이 직접 풀어 헤치는데, 그리 오래 되지 않은 칠서(사서삼경) 중 몇 권과 아무런 장식이 없는 거친 녹청자 유병(아주 작은 기름병) 한 개 그리고 손수 놓은 베갯모 십여 장이 들어 있다.

너무 꾀죄죄한 물건에 실망한 듯 시들해진 주인이,

"임자는 어찌 된 게 쓸 만한 거이 한 번도 못내 와요?" 하며 핀잔이다.

그때야 가까스로 고개를 쳐든 여인이,

"내래 이번만 도와주시라요. 푸른 돈 삼백 원(삼백 달라)이 꼭 필요해서 나왔시요"

주인이 "왜 무슨 물건이라도 봐 놨나?" 하고 되물으니 고개를 숙이며 가로 젓는다. 약을 구해야만 죽어가는 남편을 살린다며 통사정을 한다. 삼백은커녕 삼십도 안 된다며 무참하게 퉁을 놓는데도 여인의 애걸은 그칠 줄 모른다.

듣고 있기 민망하여 동생을 눈으로 불러 데리고 나와

"내가 그 돈 주고 사주면 안 되나?" 하니

"왜 좋은 거이라도 있나요?" 하며 묻는다.

"물건이야 주인 말처럼 별것 없지만 저 사람 사정이 딱하잖나." 하니

"내 그럴 줄 알았디요. 저 사람 말을 다 믿나요? 그냥 형님은 모른 체 하기요" 하며 내 말을 더 들으려 하지 않는다. 그래도 백 불짜리 한 장을 내주며 그서라도 진해 주리 하니 못마땅해 하며 받아 간다.

탁한 강물을 내려다보며 담배 한 대를 피워 무니 왠지 마음이 시리다. 깊은 사연은 모르나 잠깐 본 그 모습만으로도 강 건너 저쪽 사정이 대충 짐작이 간다. 가게 안으로 들어가니 아우가 보자기째 건네준다.

주인이 "동무래 오늘 운 좋은 줄 알라요. 좋은 한국 사장 만나 횡재 했시오."

고개를 꾸벅하고 나가려는 여인을 불러 보따리에서 베갯모 수, 두어 장만 꺼내고 다시 쥐여 주었다. 멍한 여인네에게 아우가 이른다. "얼른 가 보기요" 잠시 멈칫하던 여인네가 채가듯 보따리를 받아들고 서둘러 밖으로

나간다. 그러자 가게 주인이 한마디 더 한다.

"저 보라, 고맙다는 말 한 마디 없이 가네. 자네들은 저리 애모(예절)가 없다니" 그러자 동생이 "행여 다시 물릴까 봐 저런 게지."

하지만 나는 '그렇겠는가? 이 사람들아, 창피하고 부끄러워 그렇겠지.' 하고 혼자 생각했다.

그동안 적막강산이던 강 건너편에 해질 무렵이 되자 사람들이 몇 보인다. 동전을 넣고 망원경으로 보니 갓난애에게 젖을 물린 여인네가 강가에 앉아 있는데, 날이 제법 쌀쌀하건만 입성이 영 부실해 보인다. 어떤 여인네들은 강물을 동이 같은 것에 퍼 담고 있고, 또 다른 여인네는 뭔가를 끓이고 있는데 자세히 볼 수는 없으나 용기가 솥이 아닌 깡통처럼 생겼다. 그 주위로 예닐곱 살 먹은 아이들도 두엇 보였다. 망원경을 동생에게 넘겨주며 물으니 꽃제비 일행들이라고 한다. 자신이 살던 곳을 떠나 얻어먹으며 무작정 방황하는 사람들과 아이들을 꽃제비라고 부른다. 서글픈 사연들에 예쁜 이름이 붙은 까닭이 무엇인지 몹시 궁금했지만, 굳이 묻지는 않았다.

동생은 자신이 한국 가기 전만 하더라도 저렇게까지 궁하지는 않았는데 최근 북조선 사정이 급격히 형편없어진 모양이라며 혀를 찬다. 지금 저 사람들도 어디선가 동냥을 얻든지, 주워 와 저기서 저렇게 끓여 먹는 모양이라 생각하니 더는 망원경을 들여다볼 마음이 생기지 않는다.

강가를 떠나 시내로 다시 돌아와 목욕탕을 찾았더니 동생이 막막해한다. 그 역시 몇 년 만의 고향이 낯선 모양이다. 목욕탕은 시설은 한심했으나 따끈한 물만은 제법이었다. 한참을 더운물에 몸을 담가도 강 건너에서 산발한 채 젖을 물리고 있던 여인네의 잔상이 지워지지 않는다.

　얼마나 지났는지 목욕탕에 나만 두고 나갔던 동생이 이제 그만하고 나오라고 한다. 이미 밖은 어두워져 있었고 곧 온몸에 냉기가 흘렀다. 동생은 "조금만 걸으면 되는데," 하면서도 지나가는 오토바이 택시(경운기처럼 틀을 매달아 사람을 태우는 운송장비)를 세운다. 이내 도착한 식당도 지난번 처음 간 곳처럼 주택형 구조의 식당이다. 음식을 주문하기 전에 동생이 먼저, 오늘 식사 자리의 의의를 전한다.

　내가 북쪽 상황을 목마르게 궁금해하기에 최근 탈북자를 찾아서 불렀다고 한다. 나를 한국의 소설가라고 소개했으니 오면 궁금한 것을 자세히 묻되 금기사항, 즉 김일성 부자에 관련된 내용과 군사에 관련된 일들은 절대 물어서는 안 된다는 것이다. 탈북자들은 그런 내용은 알지 못할뿐더러 자칫하면 남소선 특무(간첩)로 오해 받을 수 있으니 주의하라며 당부에 당부를 거듭한다. 조금 있으니 삼십대 중반의 여자 한 명이 왔다.

　삼 년 전 일차 도강(탈북)했다가 중국에서 이 년을 지낸 후 북한으로 돌아갔다가 다시 나온 지 몇 개월 안 된 사람이었다. 강을 건너기가 그리 쉽냐고 물었더니 '별 방법이 없으니 목숨 내놓고 하지요' 하고 웃으며 대답한다. 내가 질문을 해 놓고도 생각하니 우문현답을 넘어, 이건 상대에 대한 보통 결례가 아니다. 스스로 무색도 하고 그녀의 사연 역시 무척 궁금하여 내가 서두르는 기색을 보이자 동생이 '도망가지 않으니 식사나 하며 천천히 이야기하라' 하여 함께 웃었다. 오늘 저녁, 그녀의 시간은 모두 사 두었다고 한다.

식사 중 가벼운 반주 한 잔이었는데도 그녀의 얼굴이 붉어진다. 그녀의 사연은 대강 이러했다. 그녀는 함경도 무주 산골 출신이었다. 해거리로 반복되는 가뭄과 홍수에 농사를 망치가 일쑤였으며, 온 식구가 늘 영양부족에 시달렸다. 그 사이 두 돌짜리 아들이 그 잘난 돈 몇 푼 때문에 약 한 번 제대로 써 보지도 못하고 별것도 아닌 감기로 힘없이 가버리고 말았다. 돈에 사무쳐 돈을 벌어볼 양으로 무작정 도회지로 나와서 떠돌다가 중국에 가면 여기보다 돈을 몇십 배 더 벌 수 있다고 하는 조교(북한에 거주하는 화교)를 만나 그를 따라 첫 번째 도강을 하였다.

중국 땅에 도착하자마자 돈벌이를 시켜준다는 누구에겐가 넘겨졌다. 중국 땅에서 잡히면 중국에서는 감옥살이하고 조선에 가서는 죽임을 당한다는 협박도 무서웠지만, 우선 중국말을 못해 어딜 가려도 갈 수가 없었다. 며칠 후 그녀를 데려간 사람은 오십 살도 더 돼 보이는 한족(중국인)이었다. 팔려간 것이다. 먹을 것은 풍족했지만 돼지우리처럼 지저분하게 사는 모양은 자신의 고향 살림보다 훨씬 못했다. 아무튼 그 한족과 일 년여를 노예 같은 신분으로 죽을 고생을 하면서도 (그 시절 이야기는 자세히 하지 않으려 한다) 마음속에는 오직 고향 생각뿐이었다.

어디인지도 모르는 그곳을 벗어나기 위해서는 하루속히 중국말을 익히는 것과 이곳 사람들 신임을 받는 일이라 생각하고, 그녀는 일에만 몰두하였다. 처음에는 마을사람 모두가 자신을 지키고 감시하더니 한 달, 두 달 시간이 흐르면서 조금씩 감시가 소홀해졌다. 일 년이 넘어가자 데려간 남자도 이제 아들만 하나 낳으라며 믿어주는 눈치였다. 드디어 기회를 잡은 그녀는 그동안 몰래 모아둔 얼마간의 돈을 쥐고 지옥 같은 그곳을 탈출하였다.

그간 귓등으로 익혀놓은 중국말 몇 마디가 아주 유용하였다. 조국 땅에서도 이국 땅에서도 도망다녀야 하는 자신의 신세를 한탄하며, 한국 사람들이 많이 산다는 청도까지 찾아간 사연도 책으로 한 권이 될 정도로 고생이 심했다고 한다. 다행히 청도에서는 한국 사람이 운영하는 공장에서 주방 일을 하게 되었다. 한 달 후 받은 그녀의 봉급은 그녀가 처음 만져보는 큰돈이었다. 자신도 모르게 눈물이 났다. 고향에서 이 돈만 있었으면 하는 생각이 그치지 않았다.

생활이 안정되어 갈수록 정은 없었지만 두고 온 남편과 친정 식구들 생각에 잠을 이룰 수 없었다. 다행히 공장의 조선족 경리의 도움으로 사람을 찾아 고향에 소식을 보낼 수 있게 되었다. 달포 후 돌아온 소식은, 자신이 살던 동네는 통행금지 구역이 되어서 가보지도 못했고 이웃 마을에 살고 있는 친정 동생을 만나 답장을 받았는데 중도에 분실되었다는 것이다. 그나마 다행인 것은 인편에 보낸 돈은 잘 전달되었다고 한다. 그 증거로 눈에 익은 손으로 짠 어머니 목도리가 전해졌다. 목도리를 껴안고 몇 날 며칠을 마냥 울었으나 그러면 그럴수록 고향 생각은 더 간절해져서 병이 나고 말았다.

경리(관리자)의 보고를 받은 한국인 총 경리(사장)가 방법이 있으면 집에 돌아가라는 위로와 더불어 적지 않은 격려금까지 챙겨 주었다. 회사 경리에게 조선으로 선을 댄다는 사람을 소개받아 돈은 조금 들어갔지만 비교

적 쉽게 강을 넘었다. 그 사람들은 조선 쪽 국경 경비대와 사전에 약속이 되었는지 손전등 몇 번을 신호로 강을 건넜다.

두 해가 넘어 돌아온 조선 사정은 훨씬 더 어려워 보였다. 가는 곳마다 꽃제비가 넘쳐나고 사람들 얼굴에서는 웃음이 사라지고 냉기만 돌았다. 동생을 만나보기 위해 친정 동네를 찾았다. 만약을 위해 날이 지기를 기다렸다. 이상한 일이 보통 때 같으면 밥 짓는 연기가 굴뚝마다 날 터인데 조용하기만 하였다. 사방이 어두워진 후 찾은 친정집 창에는 다행히 초롱불이 어른거린다. 손가락으로 문을 두드리며 동생을 부르니 이내 조용해지는가 싶더니 초롱불마저 꺼버렸다. 다시 '나다 누이다' 하며 자신의 이름을 불러주니 미닫이 문짝이 (방안에 주방과 샘까지 있는 북쪽 전통 주택의 문짝) 왈칵 열리며 ' 뭬여? 뉘라고? 하며 남동생이 튀어나왔다. 그리고는 첫마디가 "왜 왔니? 뭬하라 왔니?" 하고 타박부터 하였다. 방으로 들어가니 장애가 있는 막내 여동생이 "언니야, 언니야" 할 뿐 제대로 울지도 못했다. '어마이는?' 하니 둘 다 말이 없다. '어마이는 어디메 갔니?' 하고 물어도 대답이 없다.

"어디메 갔냐고" 하며 동생 멱살을 부여잡아도 소리도 내지 못하고 울기만 하였다. 동생들 손을 붙잡고 온 밤을 소리 없는 통곡을 하며 전해 들은 마을 사정은 차마 말로 하기 어려울 정도였다.

자신이 살던 시집 마을은 자신이 떠난 후 얼마 되지 않아 전염병이 돌아 마을 자체가 없어져 버렸다 한다. 이십여 가호에 백여 명 살던 마을이 불과 수십 명 살아남았다. 그나마 젊은 사람은 모두 모두 마을을 떠나 버리고, 남은 노인과 부모 잃은 어린애들은 나라에서 어디로 이주시켜 마을 자체가 사라져 버린 것이다. 두어 해를 같이 살았던 정 없던 자신의 남편도 그때 죽었다고 하였다. 친정마저 집 떠나기 전 어머니를 만나 '돈 벌어 오겠다'던 인사가 마지막이 된 것이다.

어머니는 마을 사람들에게 큰딸도 돌림병에 죽었다고 소문을 냈고 두 동생에게 입단속을 시켰다. 어머니는 운명 전에 남동생에게 '네 누이가 떠날 때 목도리를 둘러 보내지 못했다'고 찾아오거나 소식이 닿으면 그 목도리를 꼭 전해 주라는 말을 남겼다고 한다. 그 말이 어머니의 마지막 유언이었다. 동생들이 곧 날이 밝아 오는데 빨리 떠나라고 등을 떠밀었다. 여기 사람들 눈에 띄면 누이도 우리도 다 죽는다며. 친척은 없으나 가까이 지냈던 이웃에게 너희들 부탁이나 하고 떠나련다 했더니 '동생이 무슨 소리 하느냐? 옛날 이웃들이 아니다. 죽었면 누이 살아왔다 신고하면 저들 한 달 살 보상을 받을 터인데 신고 안 할 사람이 하나도 없다. 어서 너나라' 한다. 죽든 살든 너네도 같이 가자 하니 남동생은 심한 소아마비로 잘 걷지 못하는 여동생을 쳐다보더니 "누이가 지난번 보내준 돈으로 우리가 안 죽고 살았다. 여기는 돈만 있으면 살아 낸다. 우리 걱정 말고 살아서 돈이나 좀 보내주면 우리는 산다." 하고 막무가내로 등을 떠밀었다. 반은 기어서 사립문까지 나오는 막내를 안아주고 차마 떨어지지 않는 발을 돌이켜 나서는데 눈물은 나오지 않고 앙다문 이가 부드득 갈렸다.

이야기를 마칠 즈음, 여인은 마침내 그날 참았던 눈물 때문인지 마지막에는 말을 잇지 못하고 통곡을 한다. 듣고 있던 조선족 동생 눈에서도 달

구똥 같은 눈물이 멈추지 않는다. 떨리는 몸을 감당 못한 나는 밤바람이라도 쐬려고 길로 나와 담배를 피워 물었다. 한 개비를 거의 다 피워 가는데 술이 거나해진 중국 남자가 여자 한 명을 옆구리에 끼고 식당을 나선다. 자꾸 뒤돌아보는 여인에게 식당 주인이 우리말로 "나 있으니 걱정 없다. 다녀 오라"고 달랜다. 끌려가듯 따라나서는 여인의 얼굴이 낯익다. 다시 보니 낮에 화랑에서 만난 보따리 여인이었다. 차가운 밤공기 속으로 멀어져 가는 그녀의 모습을 지켜보는데, 나도 모르게 이빨이 갈리며 육두문자가 나온다.

'에이씨! 지랄 같은 놈의 세상!' 국경 지역의 동짓달 차가운 바람에 온몸이 사시나무 떨리듯 떨려온다.

세 번째 이야기, 세 나라 국경 변의 조선족 마을

해지기 전에 도착하려던 일정이 밤 아홉 시가 다 되어서야 끝났다. 예약했던 차가 갑자기 문제가 발생해 차량을 새로 찾느라 출발 자체가 늦어졌다. 더구나 길이 낯선 운전수 때문에 두 시간이면 충분한 길을 세 시간이나 걸려 도착한 것이다. 휴대폰도 없던 시절이라 초청한 분들께 결례가 되지 않을지 걱정이 많았다. 그러나 막상 도착하니 마을 사람들 모두가 나와 반기며 환영한다. 당시만 하더라도 가끔 밤길을 다니는 차량을 노리는 노상강도가 심심치 않게 발생하여 걱정들이 많았던 모양이다.

조선족 아우의 전 직장동료였던 여성이 동생과 나를 주말을 이용하여 자신의 고향집으로 초청했다. 출발 시에 동생이 과일이며 술과 담배, 사탕 등을 푸짐하게 준비한 걸 보면 일종의 선보는 자리도 겸한 듯했다. 그 댁은 도문에서 두만강 상류 쪽으로 수십 킬로 떨어진 조선족 마을인 양 ○○란 곳으로 전에는 꽤 큰 부락이었다고 한다. 그런데 개방과 더불어 젊은이들은 대도시로, 외국으로 다 나가 버리고 이제는 십여 가구에 나이 먹은 분들만 남아 농사짓는 작은 농촌 마을이 되어 버렸다.

가던 도중에 휴식을 위해 잠시 쉬는데, 바로 앞으로 강도 아니고 천도 아닌 어중간한 물길이 있어 확인하니 두만강이라 한다. 아니 그러면 저 건너가 북한 땅이냐? 하였더니 그렇단다. 세상에나! 힘껏 달려 모둠발로 뛰면 한걸음에 닿을 듯하다. 그리 궁금해하고 그리워한 북녘땅이 발치에 있다니! 하는 상념에 잠겨 있는데 늦었다며 빨리 출발하자고 재촉한다.

밖에는 한겨울처럼 추운데 집 안에 들어서니 푸근하다. 집안에 샘과 부뚜막, 그리고 구들방까지 한 지붕 안에 있는, 말로만 듣던 전형적인 북향식 주택이었다. 가만 보니 그 댁 식구들만이 아닌 마을 사람 전체가 모인 자리인 성싶었다. 그 마을에 내가 한국 사람으로는 처음 방문이라며 귀한 손님 오셨다고들 입을 모은다. 기분만은 한국을 대표하는 국빈이라도 된 듯하다. 아직까지는 이 마을에 조선족들만 살아 마을사람 모두들 가족처럼 지내지만 머지않아 한족(중국인)들이 들어오면 어찌 될지 모른다며 걱정들이 많다.

이런저런 이야기를 하고 있는데 큰 가마솥에서 잘 삶아진 소머리를 내어 살을 바르고 상을 차린다. 가만 보니 송아지 한 마리를 잡은 모양이다.

집에서 떡메로 쳐서 만들었는지 아직 밥알이 남아 있는 채 콩고물에 버무린 찰떡이며, 처음 먹어본 산나물들이 내 입에는 산해진미다. 대충 시장기들이 채워지고 두어 순배 술이 돌자 한 분이 장구를 메고 나와 채를 잡는데 보통 실력이 아니다. 저 나름대로 노래 실력을 자랑하는 동생이 '가는 세월 그 누가 잡을 수가 있나요 ~~' 하는 가요를 부르는데도 장구 장단이 잘 어울린다. 어떤 이가 가사만 약간 다른 강원도 아리랑을 부를 때는 누구랄 것도 없이 모두가 일어서 어깨춤을 추며 어울렸다. 이어 오십여 살 되어 보이는 여인 한 분이 머리에 띠를 매고 등에 베개를 넣고 입을 삐죽이며 병신춤을 출 때는 모두가 배꼽을 잡고 뒹굴었다. 마을 사람 모두가 가극단 단원들인 양 개인기가 대단하다. 흥이 많고 가무에 능한 우리 민족의 기질은 짧지 않은 세월이 흐른 이국땅에서도 변함없이 그대로 이어지고 있었다.

　흥겨운 시간이 지나자 여인네들은 큰 상을 치우고 작은 술상을 봐 놓고는 자리를 떠나고 남정네들만 남아 이야기판을 벌린다. 우릴 초청한 여성의 남동생인 이 댁 아들이 한국에 간 지 채 한 달도 못 되어 한국 사정에 어두울 때 맹장염에 걸린 적이 있었다. 당시 먼저 한국에 있던 아우가 연락을 받고 정성껏 돌봐준 것이 이 댁과의 깊은 인연이 되었다고 한다. 그때의 인연이 이어져 거의 사위 대접을 하는 모양이다.

　따뜻한 정담이 오가고 밤이 깊어지자 남자들만 모인 자리가 다 그렇듯 여자 이야기가 빠질 수 없다. 그중 연배가 있으신 분이 윗대 어른들로부터 전해들은 이야기를 한다. 일본군 치하에서 부상당한 독립군들을 마을에 숨겨 두고 돌보아 준 적이 두어 번 있었는데, 그럴 때는 마을에 젊은 과부들이 있으면 그 집에 머물게 했다. 일본군들의 감시를 피하기 위해 남정네가 없는 빈집을 택한다는 의미도 있지만, 또 다른 의미도 있어 건강을 회복한 객이 떠나갈 때는 또 한 차례 이별의 아픔이 있었다 한다. 그러면서 귀한 손님이 오셨는데 이제는 젊은 과부는 고사하고 늙은 과부도 없으니 어쩌누? 하고 농을 한다.

모두 돌아간 새벽, 집 밖 한쪽에 있는 화장실을 가려고 밖으로 나서면서 무심결에 하늘을 쳐다보니 초겨울 새벽하늘에 가득 찬 영롱한 별들이 쏟아져 내린다. 급한 볼일도, 추위도 잊은 채 하염없이 바라본 하늘에는 이 마을의 굴곡진 이야기들이 별자리처럼 알알이 박혀 있다.

다음날 아침 내가 맛있게 먹은 마른 나물들을 정성스럽게 포장해 주시며 이런 하찮은 것도 선물이 될지 모른다는 겸사가 가슴을 찡하게 한다. 그동안 살아오면서 이렇듯 귀빈 대접을 받아 본 적은 여태껏도 없었지만, 앞으로도 있을 것 같지 않다.

어제 저녁에 보니 마을에 전화가 하나 있는데, 외지에서 전화가 오면 사람이 직접 부르러 다녔다. 동생에게 동네에서 들을 수 있는 확성기 설치비용을 물으니 생각 외로 많은 돈이 아니다. 동생은 말렸으나 봉투에 돈을 넣고 간단한 인사말과 함께 그 댁 책상 위에 올려놓았다. 길 떠난 객이 받은 정성스런 환대에 비하면 약소하기 그지없으나 그라도 해야 내 마음이 편할 듯싶었다. 출발하는 차까지 쫓아 나오며 사양하는 것을 뿌리치고 마을 분들의 전송을 받으며 떠나는데, 어제 맺은 형님이 "동상 담에 꼭 오시게 내 과부하나 마련해 놓음세." 하며 붙잡은 손을 쉽게 놓지 않는다. 하룻밤에 만리장성을 쌓는다더니 하룻밤의 정은 남녀 사이에서만 있는 것은 아닌 듯 떠나야 할 발길이 쉽게 떨어지지 않는다.

정든 고향을 두고 떠나가는 심정이 이런 것일까? 도회지에서만 살아온 나에게 고향이란 곳이 있기나 했던가? 낙엽 덮인 이국의 길을 질주하는 차 안에서 눈을 감으니 잃어버린 고향을 되찾은 나그네의 마음에 벌써 봄이 온 듯 꽃향기 날아든다.

조선족으로 살아가기

　십구 년 전, 이제는 학부형이 된 막내딸을 당시 내가 사업하고 있던 중국 산동성 위해시로 데려왔다. 막내는 중국 전학 이 년 후 지역의 고등학교에 입학하였다. 그간 중국어와 수학 과외를 담당하던 조선족 교사가 자신의 실력으로는 고등학생 지도는 어렵다며 실력 있는 선생을 소개해 주기로 했다. 다음날 만나보니 어디선가 본 적이 있는 사람인데 기억이 나지 않았다. 그가 가져온 서류들을 보니 서안에 있는 명문대학을 우수한 성적으로 졸업한 인재였다. 그러나 흑룡강성 북동부 지역에서 고등학교를 졸업한 사람이 고향에서 수천 킬로 떨어진 서안에 있는 대학으로 진학한 사연이 궁금했다. 여러 자격증을 두루 갖춘 능력 있는 사람이 이곳까지 와서 겨우 과외 선생을 하겠다는 사정은 더욱 이해가 되지 않았다. 그러나 처음 만난 자리에서 꼬치꼬치 묻기도 곤란했다. 일단 이삼 일 강의를 들어본 후 채용을 결정하기로 했다. 다음날 첫 강의를 들은 딸아이는 '수학뿐 아니라 중국어 지도까지도 최고다'고 만족해하였다. 며칠 후 그와 낯이 익을 무렵에야 어디서 본적이 있었는지 기억이 났다. 그를 처음 본 곳은 부둣가의 보따리상들의 전용 상점으로, 일하기가 결코 쉽지 않은 험한 곳이었다.
　그에 대한 궁금증은 더욱 커져만 갔다. 그러던 어느 주말, 그를 초대하여 식사를 하면서 자연스럽게 서로 지난날을 이야기하게 되었다. 다음은 그간 궁금했던 그의 지난 몇 년간의 사연이다.

그가 살던 고등중학교(고등학교)에서 입학부터 졸업 때까지 상위권을 유지하던 그는 인근의 명문대학을 진학할 실력은 충분하였으나 집안의 경제적 사정이 허락지 않았다. 고심 끝에 학비와 생활비가 가장 저렴하며 장학지원이 많은 서부에 있는 대학을 택하여 진학을 하였다. 대학 재학 중에도 열심히 노력하여 우수한 성적으로 졸업을 하였다. 취업 시기가 되어 당시 회계학과 출신들의 선망인 은행과 관련 공무부서에 원서를 냈다. 하지만 마지막 관문인 보증인 규정에서 모두 낙방하였다. 금전을 다루고 비밀을 요하는 업무에서 만약의 사태에 대비하는 보증인은 매우 중요한 항목이었지만 두메산골인 고향에서도 그만한 능력 있는 일가붙이는 없는데, 몇천 리 떨어진 타향에서는 아예 불가능한 일이었다. 어쩌면 서너 명의 추천인란에 매번 지도교수 한 명 이름만 기록할 때부터 이미 불합격은 결정된 일이었는지 모른다. 중국의 꽌시(인맥)는 그래서 무섭다. 때로는 모든 것을 결정해 버린다. 자신보다 훨씬 성적이 저조했던 꽌시 좋은(물론 그들의 부모 인맥이겠지만) 친구들이 좋은 직장에 취업하는 것을 보며 씁쓸한 마음으로 학교에서 의무적으로 배치해 주는 직장을 찾았다. 피혁 생산 공장이었다. 그런데 이미 생산이 거의 중단된 도산 직전의 회사였다. 삼 개월을 근무했으나 한 달분 급료를 지불하며 다음을 약속하지 못한다는 통고를 받았다. 회사가 청산된 후 토지, 건물 등의 자산을 정리하여 부채를 정리하고 남은 돈이 있으면 직원들의 근무 연수와 직책 등 회사 기여도에 따라 분배한다는 것이다. 사실상 도산 선언이었다. 눈앞이 캄캄해졌다. 자신의 학비를 마련하느라 고중학교도 진학하지 못한 남동생과 오로지 자신만을 바라보며 온갖 고생을 다한 홀로 계신 어머니를 생각하면 잠을 이룰 수 없었다. 회사의 정리 절차를 기다릴 여유가 없었다. 이곳저곳을 수소문하다 한국 사람이 많아 조선족들의 일자리 많다 하여 찾아온 곳이 위해였다. 그러나 이곳 역시 생각처럼 자신을 기다리고 있는 곳은 없었다.

고향 친구에게 신세를 지는 것도 하루 이틀이지 다급한 마음에 구한 일자리가 다이꽁이라 불리는 보따리상들의 짐을 대신 정리해 주는 일이었다. 당시 보따리상들은 한국에서 한국산 일용 잡화나 중국 현지에 진출해 있는 공장들에 샘플이나 시간이 급한 원부자재를 운반해 주고, 중국에서는 주로 마른 고추가루, 마늘, 깨, 등의 중국 농산물이나 중국 술 등을 가져가 파는 일을 하고 있었다. 그들은 오전에 배에서 내려 업무를 본 후 오후에는 다시 배를 타고 출국해야 하므로 시간 여유가 많지 않았다. 그런 그들을 대신해서 잡다한 일들을 대신해주는 일을 시작한 것이다. 그런데 문제는 다이꽁들 대부분이 입도 행동도 거칠었다. 반말은 대놓고 하고 심한 사람은 손찌검까지 예사로 하려 하였다. 정해진 급료가 있는 것이 아니라 다이꽁들이 그때그때 주는 몇십 위안이 수입원이기에 그 일을 하는 한 그들을 멀리 할 수도 없었다. 한중간을 자유롭게 다닐 수 있는 한국 사람이나 한국 거주 화교들의 신분이 그렇게 부러울 수가 없었다. 언변 좋은 조선족들은 중국 사정에 어두운 돈 많은 한국 사람들을 가까이 하여 서로 도움이 되는 경우도 있었으나, 대부분은 문제가 발생하여 별별 흉흉한 소문이 나돌았다. '어떤 한국 사람이 통역에게 몽땅 사기를 당해서 오가지도 못한다' '투자 목적으로 한국에서 환전상에게 송금을 하고 중국에 와 보니 동업하자던 조선족이 돈만 가로채서 사라져 버렸다' '오래 사귀자던 조선족 여자와 하룻밤 자고 나니 여권까지 들고 사라져 버렸다'는 등 주로 한국인이 당하는 내용이 많았다.

사실 1992년 죽의 장막이던 중국이 개방된 후 몇 년 동안, 일부 조선족 사이에서는 중국에 온 한국 사람 하나 등쳐먹지 못하면 바보라는 잘못된 생각을 가진 사람들이 있기는 있었다. 그래서 그들 사이에서 새로운 한국 사람과 함께 다니면 '아무개가 따뜻한 이밥(쌀밥)상 새로 차렸다'는 유행어가 있을 정도였다. 그러나 한 발 더 들어가 보면 한국인에게도 문제가 없지는 않았다. 조선족 입장에서 자신의 일 년치 공자(봉급)에 해당되는 돈을 하룻밤 유흥비로 펑펑 쓰는 모습을 지켜보며 '저 한국 사람에게 이 정도의 돈이야 괜찮겠지' 하는 잘못된 욕심이나, 자신이 한국에서 대단한 사람인 양 행세하며 '다음에 중국 들어와서는 가게를 차려주겠다, 집을 사 주겠다'는 말을 믿고 충성을 다 했는데, 그 약속들이 공수표가 되면 그들은 분한 마음에 못된 행동들을 하곤 하였다. 심지어는 폭행에 살인까지 벌어지곤 하였다. 그런데 문제는 이러한 일들의 밑바탕에 깔린 중요한 원인을 한국인들은 전혀 모르고 있는 것 같았다. 우리가 의견의 일치를 본 한국인과 조선족 간의 불신의 원인은 이런 것이었다.

한중 국교가 수립되자 많은 조선족들이(주로 연변 지역에 살았던) 친척과 고향을 찾아 한국을 방문하였다. 그러나 한국과 중국이 격리된 몇십 년의 벽은 너무도 두꺼웠다. 이미 핵가족이 되어버린 한국문화에서, 특히 아파트라는 주거공간에, 친척이라 하여도 얼굴도 말도 낯선 먼 친지가 한두 달씩 함께 거주한다는 자체가 쉬운 일이 아니었다. 그러나 중국 특히 우리 민족인 조선족 문화는 그렇지 않았다. 먼 친척 일지라도 가족의 개념은 무엇보다 중요한 가치였던 것이다. 며칠 만에 눈치가 보이는 친척집을 나와 길거리로 나선 조선족들의 입장에서, 기대했던 조국은 차갑고 외로운 머나먼 타국이었다. 시골의 부모가 도시의 친자식 집을 방문해도 삼 일이면 눈치가 보이는 한국의 현실을 어찌 이해할 수 있었을 것인가? 돈 얼마 쥐어 주고 이제는 가 주었으면 하는 친척들의 모습이나, 어렵게 구한 일자리에서는 차별 대접을 넘어 아예 바보 취급하려는 업주나 한국인 동료들의 모습에 그들의 가슴은 멍들어 갔다. 집어치우고 되돌아가고 싶어도 한국 방문 비용을 위해 낸 빚과, 한국을 다녀오면 부자가 될 거라고 믿고 있는 가족과 이웃들을 생각하면 빈손으로 되돌아갈 수도 없었다. 이런 소문은 순식간에 중국 고향의 모두에게 알려진다. 그리고 소문은 실제보다 더 과장되고 부풀려져서 전해 들은 사람은 실제 당한 사람보다 훨씬 더 분노하게 된다. 개방 이 년이 채 못돼 연변지역에는 '한국 분이나 한국 사람은 없고 한국 놈'만 있게 되었다. 그리고 중국에서 조선족들에게 조금이라도 서운한 일을 당한 한국 사람들은 돌아와 '뙤놈보다 더한 조선족 빨갱이들'이라고 소리치고 다니게 되었다. 동일 민족이라는 애틋함과 그리움 사이에 불신과 증오가 끼어든 것이다.

중국에 살고 있는 조선족의 선조들은 대부분은 일제 강점기가 시작되면서 중국 땅으로 넘어왔다. 사연들이야 많지만 그중 대다수는 일본군에게 학살당한 동학혁명의 후손들, 일경의 감시와 학대에 시달리던 독립투사의 후예들, 그리고 논밭 한 떼기 없어도 종살이를 거부한 용기 있는 분들의 후손들이다. 거주지 분포도는 압록강과 두만강을 한 선으로 두고 접어놓은 모양이다. 연변지역은 가까운 함경도에 살던 사람들이 차지하였다. 그 다음 지역에 평안도 사람들이 살고, 전라도와 경상도 사람들은 흑룡강성 내륙 깊숙이 자리를 잡을 수밖에 없었다. 천리 길 넘어 머나만 타향에서 삶터를 꾸리려고 죽을 고생을 하면서 현지인들에게 가장 많이 들었던 소리는 '꼬리 빵즈'(고려 놈들은 개처럼 몽둥이로 패야 한다)였다. 학교에서도, 동네에서도 귀에 못이 박히도록 듣고 살아온 한 맺힌 설움을, 이제는 고국이라고 믿었던 한국 땅에서도 맛본 조선족들은 한국을 조국이라 생각하지 않는다. 지금 그대를 곁에서 조용하게 한국과 중국의 열 띤 운동경기 (그것이 축구이든 스케이트든)를 지켜보는 조선족에게 물어보라, 어디를 응원하는지. 그들의 대답은 대부분 이럴 것이다. '한국이 우리에게 베풀어 준 것이 뭐가 있나요?' 그렇다. 그들의 조국은 중국이다. 그렇다고 해서 그들의 고국이 한국임을 부끄럽게 생각하게 해서야 되겠는가?

'우리의 소원은 통일, 꿈에도 소원은 통일'이라며 우리는 통일을 이야기한다. 지난 칠십 년 동안 남북에서 전혀 다른 교육을 받고 다른 문화 속에서 살아온 북쪽의 이천만, 남쪽의 오천만 민초들은 통일이 되면 서로를 어떤 마음으로 만나 어떻게 대할 것인가? 다행히 하늘에서는 먼저 다수의 조선족과 새터민들을 한국으로 보내 주었다. 한국 정부와 사회가 먼저 조선족과 새터민들을 품지 못하면 통일은 우리에게 무서운 저주가 될지도 모른다.

그와의 대화는 저녁식사 자리부터 시작해서 동이 틀 때까지 지속되었다. 마지막 그의 한 마디가 아직도 생생하다. "중국은 한족의 나라지요. 조선족은 소수민족인 이방인일 뿐이지요. 그리고 한국도 조선족에게는 타국이구요." 한국인 모두가 이들에게 너와 나 다 같은 단군의 후손인 한민족이라는 자부심을 주지 못하면 조선족의 다음 세대는 모두 한족으로 바뀔 것이다. 그리고 이런 대화를 나눈 십여 년이 지난 지금 우려했던 현상은 벌써 시작되었다. 조선족 십대들 대부분은 없어져버린 조선족 학교 대신 한족 학교에 다니며 우리말을 잊어 가고 있다. 어쩌면 자신들의 역사와 자신들의 조상들까지도.

이러한 현실에서 우리나라, 우리 사회, 우리가 헤야 할 일은 무엇이며, 나에게 주어진 작은 책임은 무엇일까?

중국 서북 지방의 설

우리는 설날을 한 해의 시작이라는 의미로 생각하지만, 중국의 추운 지방에서는 설을 춥고 힘든 시기가 끝나고 온 대지에 새로운 생명이 움트기 시작한다는 의미가 더 크지 않나 하는 것이 내 생각이다. 그래서 설날을 춘절이라 부르는지 모른다.

농산물 작업을 위해 우리가 찾아간 '깐수성 민센(감숙성 민현)'은 주위가 고산 지대로 둘러싸인 일종의 분지 같은 곳으로 일대의 중심역할을 하는 도시였다. 도착한 날의 정확한 날짜는 기억이 없으나 아마도 오월 말이나 유월 초였을 것이다. 중국의 소수민족들에게는 저마다 설날이 다른데 때마침 당일이 현지의 설날이었다. 고원지방이다 보니 그때서야 날이 풀려 고운 봄비가 내린 듯 만 듯 날리고 있었다. 이곳에서 업무를 보기 위해서 베이스 캠프를 둔 천수라는 도시에서 현지 통역을 또 한 명 고용하였다.

당시만 하더라도 내 중국어 실력은 일천하였기에 우리말 통역에 현지 띠방어(사투리)를 중국어로 번역할 사람이 필요했다. 굳이 설명하자면 현지인들이 하는 말을 일차 통역이 중국어로 번역하면 나와 동행한 우리 조선족 교포 통역이 한국말로 하는 식이었다. 그네들이 하는 지방어는 우리말과 일본말이 전혀 다르듯, 표준 중국어와는 완전히 다른 언어라는 것이 중국인들의 설명이었다. 다행히 새로 만난 현지 통역인 성품이 활달하고 유머가 있는 사람이라 긴 여정에 도움이 많이 되었다.

여정 중 그의 이야기가 몇 해 전에 오지 않고 지금 와서 천만다행이라는 것이다. 이유인즉 이제 농산물 작업을 하려면 산속 깊숙이 작은 마을로 들어가야 하는데, 몇 해 전만 하더라도 일부 소수민족들은 춘절축제 이십 일 동안에 자신들 관할지역을 돌아다니는 외지 젊은 남자를 만나면 무조건 납치해서 독방에 가둬놓고는 그 마을의 임신 가능성이 있는 여성들로 하여금 나이에 상관없이 십 대부터 오십 대까지 매일 밤낮으로 바꿔가며 시중을 들게 했다는 것이다. 그 이야기를 듣던 조선족 직원도 어디서 들은 적이 있는 듯 맞장구를 친다. "아니 그것 때문에 일부러 날짜 맞추어 왔는데 그 관습이 없어졌단 말인가? 아이고, 아쉬워라" 하니 "그 관습이 남았어도 너는 못생겨서 아무도 안 데려가니 걱정 마라. 그런데 한국 사장은 지금도 조심해야 할 것 같다" 해서 모두 웃었다.

그 농담 뒤에는 각 마을마다 워낙 험한 지형으로 둘러싸여 인근 마을과의 교류가 어려워 근친혼을 피하기 위한 고뇌가 숨어 있었다. "정말 그랬었나?" 하고 확인하니 십여 년 전만 하더라도 그런 일이 실제로 있었다 한다. 내 마음속에 행여나 하는 바람이 있어 그리 물었던 것은 아닌지 나도 모르겠다.

울긋불긋 모양을 낸 깃발들이 나부끼는 넓은 광장에 각기 자신들의 고유 전통 복장으로 치장한 사람들이 웃고 떠들고 있었다. 사람들이 넘쳐나는 것이 우리네 시골 큰 장날 같은 분위기였다. 그런 중에 이상한 장면이 목격되었다. 큰길 옆 조금 한적한 골목길에서 나이가 들어 보이는 여인네 두 명이, 기타보다는 작고 만도린 보다는 조금 큰 악기를 든 젊은 처녀를 닦달하며 큰길 가로 끌어내고 있었다. 이 좋은 날 무슨 일인가 싶어 따라가 보니 큰길 모퉁이 간이의자에 억지로 나앉은 듯한 처녀는 이번에는 웬일인지 스스로 개미 소리 같은 목소리로 노래를 한다. 길거리 악사인가 보다 하고, 지켜보고 있는데 분위기가 아무래도 수상쩍다. 두 번의 통역을 통하여 가까스로 이해한 바로는, 지금 그 처녀는 공개 구혼을 하고 있다는 것이다. 원 세상에! 길거리에 주저앉아 어린 소녀가 노래를 부르며 구혼을 하다니! 이 처녀에게 무슨 결함이라도 있는 것인가 싶어 노래 가사의 번역을 부탁했다. 단조로운 음률의 노래 가사 내용은 대략 이런 뜻이었다.

> 우리 집은 앞산 넘어 매화꽃이 아름다운 매화마을인데
> 내 나이는 십구 세요, 나는 바느질과 요리를 잘한다네
> 나는 용감하고 자상한 남편을 만나러 여기서 노래를 부르네
> 나를 데려가는 남자는 하늘에서부터 복을 받고 태어난 남자일세

처녀는 이런 내용으로 노래를 하고, 옆에 있던 어머니와 이모는 중간중간 장단을 넣어 흥을 돋운다.

> 잘 보시오 이 엉덩이! 넓적하고 두툼하니 애기 쑥쑥 잘 낳고,
> 잘 보시오 저 두 눈! 소처럼 온순하니 집안에 복덩이라, 에헤야 에헤

하나, 둘 사람들이 모여들어 어떤 사람은 노랫가락에 맞추어 몸을 흔들고 또 어떤 사람은 박수로 장단을 쳐서 흥을 넣으니 금세 공연 마당이 되어 버린다. 사람들의 호응 덕분인지 처녀의 노랫소리가 점점 구성지고 커진다. 이렇게 한창 흥이 나고 있는데 사람들 틈에서 한 청년이 불쑥 주인공 앞으로 나서더니 가벼운 춤을 추며 화답하듯 노래를 한다.

날 좀 보시오 날 좀 봐, 나는 저 물 건너 사는 개똥인데
양이 스무 마리요, 밭이 댓 뙈기라
한 가족 먹여 살리는데 걱정이 하나 없소

하고 노래하는데도 처녀는 아랑곳도 하지 않고 노래를 계속한다. 둘러싼 관중들이 와~ 하고 웃음을 터트리사 머쓱해진 청년이 히~ 하고 혀를 빼물더니 사람들 사이로 사라진다. 이런 일이 두어 번 있은 후 너벅머리 한 총각이 앞으로 나와 처녀 코앞에 얼굴을 바싹 갖다대며 노래하기를

그대를 보니 내가 어제 꿈속에서 본 처자일세
그대도 혹시 나를 본 적이 없는가
나는 저 뒷산 넘어 복사골 칠복인데
일 잘하지, 글도 읽고 쓸 줄도 알지, 거기다 셈도 잘한다네
나랑 함께 복숭아 키워보지 않으려오?

총각을 힐끗 쳐다본 처녀는 얼굴이 붉어져 고개는 숙이나 얼굴에는 미소가 완연하다. 이 모양을 옆에서 지켜보던 이모가 앞으로 썩 나서며 "그렇다면 너는 짐승은 몇 마리요 복숭아나무는 몇 그루냐?" 하고 노래로 채근한다. 이런 문답을 서너 차례 주고받자 관중들이 박수를 치며 환호를 한다. 그러자 더벅머리 총각이 환한 표정으로 처녀의 손을 잡아 저 한길 넘어 찻집으로 이끈다. 휘날리는 봄비 속으로 손을 잡고 뛰어가는 처녀총각의 뒷모습은 언제인가 영화 속에서 보았던 한 폭의 그림이 아니던가!

자리를 벗어나 조금 더 광장 속으로 들어가니 곳곳에 그런 모습들이 눈에 띄었다. 또 다른 한쪽에서 노래하는 여인네는 나이가 상당한 듯하다. 알아보니 재혼 상대를 찾는 중이라 한다. 그러던 중 정말 이해 못 할 모습이 눈에 들어왔다.

육십 살 정도 되어 보이는 나이 많은 여인네가 이번에는 작은 손북 같은 것을 치며 노래하고 있는 것이 아닌가? '아니 이 아름다운 모습들에 먹칠이라도 할 일이 있단 말인가! 해도 너무 하지. 저 나이에 무슨 영감을 얻겠다고, 쯧쯧.' 못 볼 것을 본 양 나 혼자 혀를 차며 불쾌해 하는데 더욱 이해 못 할 상황이 전개된다. 그 여인네 보다 훨씬 나이가 많은 노파가 앞으로 나서며 답을 하며 서로 노래를 주고받는 것이 아닌가! 도대체 이 상황이 무슨 상황이란 말인가? 약간 떨어진 곳에 있던 현지 통역을 급히 불러 그들의 화답송을 옮겨 듣는데, 단 몇 마디 이후에는 통역은 전혀 필요 없어졌다.

세상 사람들아 이 내 말 좀 들어 보소
내 나이 열여덟에 시집가서 서른에 과부 되어
네 자식 홀로 키우며 고생고생 모진 고생 다하며 살았다네
이내 설움 누가 알까 원통하고 분하구나

하고 노래를 하니 더 나이 든 노파는

동상, 동상, 불쌍한 동상아 내 말도 좀 들어 보소
꽃 같은 열여섯에, 아버지보다 나이 많은 영감에게
소 팔려 가듯 시집가서,
엄니 같은 형님에게 온갖 구박 다 당하고,
어찌어찌 얻은 아들 하나,
대처에 돈 벌러 가 몇 년째 소식 없네,
이제 나는 어쩐당가 나는 이제 어쩐당가

그네들의 목소리 마디마디, 손짓 하나하나에 들어 있는 절절한 한(恨)이 굽이치듯 가슴 깊이 파고드는데 해는 점점 어두워 가고 야속한 봄비마저 옷깃을 파고든다.

어찌하랴, 이곳의 설도 오는 자에게는 기쁨이요
가는 자에게는 슬픔이로구나

불상 이야기

1997, 1998년 두 해에 한국에서는 고사리 파동이 일어났다. 기후 사정인지는 몰라도 국내 고사리는 진즉 동이 나고 중국 내의 몇 년 묵은 고사리까지 싹쓸이로 가져가는 바람에 중국에서도 가격이 폭등하는 형편이었다.

다음 해 이른 봄부터 지인 몇 명과 중국 고사리 작업을 계획하고, 드디어 때가 되어 서북지방으로 떠난 시기는 오월 무렵이었다. 현지 대리인을 선정하고 간쑤성(甘肅省) 톈수이(天水)라는 도시에 근거지를 마련하였다. 우선 급한 볼일을 마치고 나니 약간 말미가 생겨, 지역 유적지 가운데 둘러볼 만한 곳이 있는지 물어봤다. 마이지산(麥積山)이라는 산이 있는데, 산 전체에 수십 개 굴을 뚫고 불상 수백 기(基)를 조성해 놓았다는 것이다.

아무 기대도 없이, 남는 시간만큼 여유로운 마음으로 출발했다. 시내를 빠져나오자마자 이건 온 천지가 노랗다. 차들이 지나가거나 조금만 바람이 불어도 황토 먼지가 눈을 가리는 바람에, 나무나 들녘은 물론이고 사람까지도 다 노랗게 보일 정도다.

온통 황토 먼지 속에서 한 시간 남짓 차를 몰아 도착한 곳은, 웬일인지 주변 나무들이 제법 푸른색을 띠고, 황토 먼지도 없는 편이다. 차를 내려 마이지산을 바라보는 순간, 나는 저절로 몸을 바로 세웠다. 산 전면 수십 미터 절벽에 부조된 대형 부처상을 마주한 것이다.

그 부처상 위쪽으로 굴 수십 개가 뚫려 있는 것이 보였다. 그런데 현장 분위기가 수상쩍었다. 주위에 사람이라고는, 우리 둘을 빼면 향(香)을 보따리 채 풀어 놓고 졸고 있는 촌로뿐이다. 그저 적막강산이다. 아무리 시골 벽지라도 이만한 유적지면 관광객 아니면 관리인이라도 몇 명은 있을 것 아닌가.

둘러보니, 아니나 다를까! 까마득한 절벽을 오르게 얼기설기 엮어 놓은 나무 사다리 입구가 쇠줄에 자물쇠로 잠겨 있다. 멈칫거리고 있는데 흔한 제복 차림을 한 관리인이 다가와 한다는 말이, 얼마 전 사람이 떨어지는 사고가 있어 출입 불가라는 것이다. 무뚝뚝한 말을 마치고는 이내 관리사(管理舍)로 들어가 버린다.

그러나 그냥 돌아설 수는 없는 일! 저 큰 부처가 이미 내 마음을 꽉 붙들고 놓아주지 않으니, 아주 들어갈 방법이 없으면 다른 굴이라도 파겠나는 마음이었다. 궁하면 통한다고 했던가. 향을 파는 노인한테 가서 담배를 권하면서, 사람도 없는데 향이 팔리느냐는 등 슬슬 말을 시켰다. 현지 통역도 알아듣기 힘든 사투리를 참으며 이야기가 계속되자 조금씩 말문을 연 노인이, 부처상 앞 향로에 향이 꺼지면 안 되는 규정이 있는데 자신이 그 담당이라는 것이다. 가끔 주민들이 지나는 길에 향을 사서 공양하기도 한단다. 노인은 관리인이 자기 아들이며, 입장 허가는 자기 아들의 권한이라고 자랑을 늘어놓았다. 선뜻 향촉대(香燭代)로 백 위안(元)을 내놓으며 통사정을 하니 "좋다 너는 내 친구다"하더니 아들을 불렀다. 한 마디도 알아들을 수 없는 심한 사투리로 부자간에 한참을 쑥덕거린 끝에, 아들이 우리를 관리사로 부르더니 서류 한 장을 내밀고는 이름을 쓰라 한다. '안전사고가 나면 당사자 책임'이라는 각서에 서명한 것이다.

담배 한 대를 피우고 있으려니 드디어 쇠줄이 풀린다. 첫걸음부터 삐걱거리는 나무 계단에 불안해하던 통역이 결국 이 층 높이쯤에서 얼굴이 허옇게 바래더니 어지러워 못 가겠다며 내려가 버린다. 위에서부터 내려오며 보려는 생각으로 이 층 높이를 오르는데, 관리인이 뭐라고 소리친다. 서툰 중국어로 "걱정 마라. 나는 괜찮다"를 여러 차례 반복하니 "정말 조심해라! 나는 일이 있어 먼저 간다" 하고는 손을 흔들고 내려가 버린다. 이게 웬 횡재란 말인가! 내가 몇 군데 대충 둘러볼 위인이 아니라는 걸 눈치챈 관리인이 먼저 내려갈 명분을 댄 것이다(당시 각 석굴은 보호 시설·장비가 전혀 없어, 관리인이 끝까지 관광객과 함께해야 했다).

그가 가자마자 더이상 참지 못하고 바로 눈앞 굴로 들어섰다. 아, 숨이 턱! 막혀 온다. 거의 등신대(等身大)의 불상이 아름답게 채색된 법의를 걸치고, 신비로운 미소를 지으며 '천 년을 넘게 기다렸는데 이제 오느냐?'는 다정한 목소리로 마중한다.

이럴 수가!!

한 석굴 안에 적게는 두어 개 많게는 수십 개의 작은 불상들이 새겨진 인공 석굴 안은, 한 치 밖과는 전혀 다른 천상의 온화한 미소로 가득 찬 세상이었다. 그로부터 나는 시간이 어찌 흘렀는지 온전한 기억이 없다. 수십 미터 절벽에 얼기설기 매달아 놓은 낡은 나무 사다리를 곡예 하듯 타고 넘으며, 아무런 방해물도 간극도 없이 이천 년 전 부처님들과 손잡고 더불어 노닐었다.

두 손을 다소곳이 모으고 웃을 듯 말듯 고운 미소를 띤 소녀 시동(侍童)상이 부조된 석굴에 이르러서는 이유를 알 수 없는 눈물이 두 볼을 타고 흐르기도 했다. 북위시대부터 송대까지 수천여 기의 부처님들을 친견하는 사이, 어떤 석굴에서는 한참을 멍하게 앉아 있다가, 또 다른 곳에서는 그들의 미소를 흉내 내며 웃다가를 반복하였다.

어느새 해가 뉘엿뉘엿 져갈 무렵, 석양빛을 받아 더욱 신비해진 미소를 지으며 내 머리를 어루만지려는 듯 한쪽 팔을 들어 올린 여래상 앞에 이르러서는, 마침내 한참을 대성통곡하고 말았다. 어디선가 호루라기 소리가 아스라이 들려 내려다보니, 통역과 관리인이 내려오라고 바쁘게 손짓하고 있다.

그때도 그랬지만 지금도 나는 그 통곡의 의미를 알지 못한다. 불교 신자도 아닌 성인 남자가, 아무 까닭도 없이, 불상 앞에서 눈물을 흘리고 그것도 모자라 대성통곡을 한다는 것이 어디, 가당한 일인가? 십 년이 훌쩍 지난 지금도 잔상이 남아 있는, 그 여래상에서 나는 무엇을 보았던 것일까? 바로 그것이 예술의 힘이었을까?! 나 같은 문외한의 눈에서 눈물을 흘리게 하는 것! 어찌 겪어 보지 않은 이들이 그 눈물의 맛을 알겠는가!

어둠이 내린 길을 운전하던 통역이 한마디 한다. "위에서 무슨 일 있었어요? 무서웠지요?" 나는 소리 없이 마음속으로 외쳤다. '그래! 무슨 일 있었다. 그래! 무서웠다. 아름답다는 것이 이렇게 무서운지 몰랐다. 사람이 그런 아름다움을 창조할 수 있다는 것이 이리 무서운 일인지 몰랐다.' 어둠이 차분히 내려앉은 길에는 황토 먼지도 보이지 않았다.

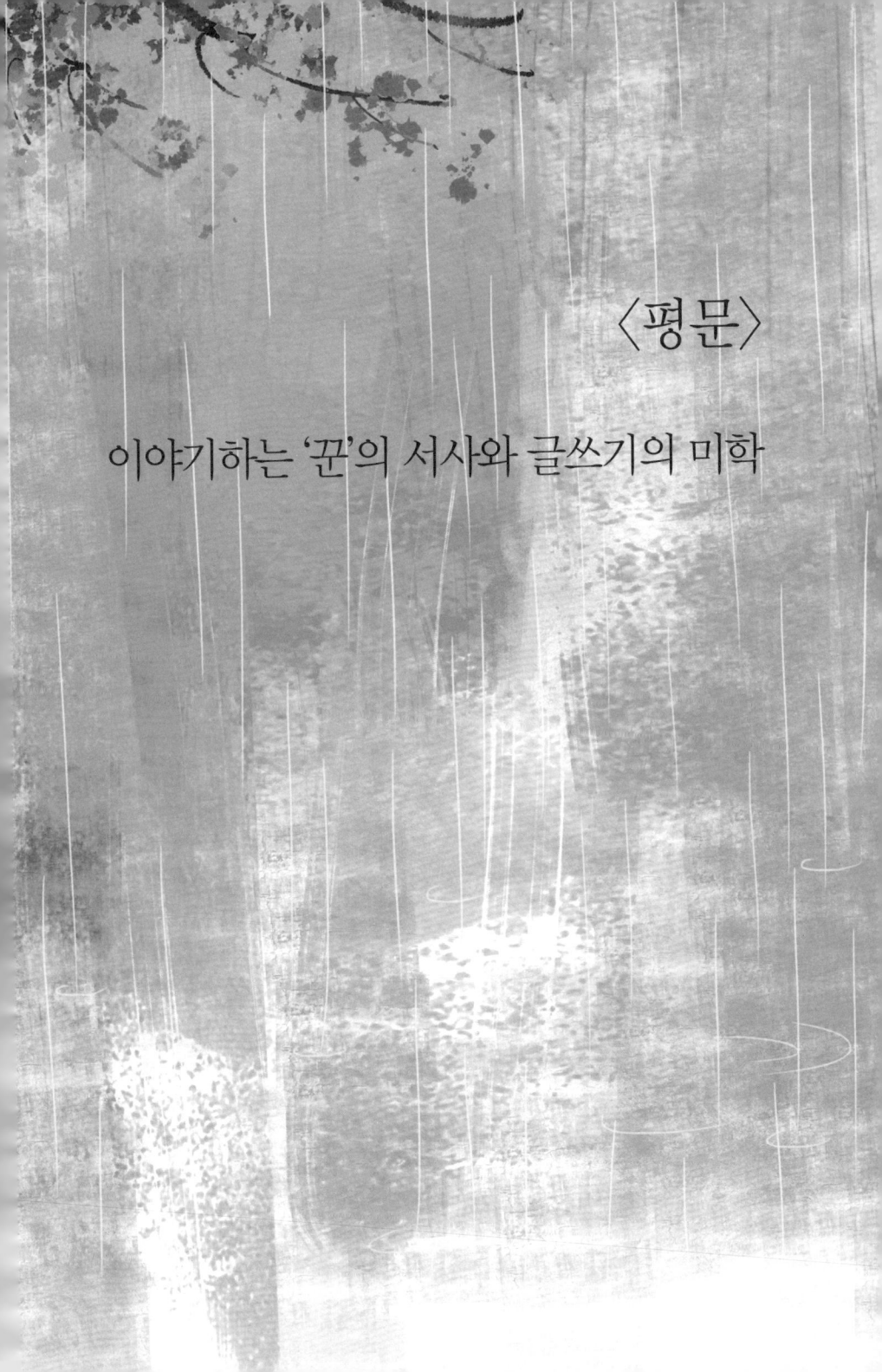

〈평문〉

이야기하는 '꾼'의 서사와 글쓰기의 미학

이야기하는 '꾼'의 서사와 글쓰기의 미학

김향남
수필가/문학평론가

1. 이야기하는 사람

　이야기는 누구나 하고 싶어 하고 듣고 싶어 하는 보편적 욕구다. 인간은 끊임없이 이야기를 향유하고 창작하고자 하는 욕구를 지니고 있으며, 이를 통해 세상과 소통하고자 한다. 구술문화에서 문자문화로, 디지털 문화로 전환됨에 따라 그 매체와 형식, 내용은 달라지고 있지만, 이야기에 대한 욕구는 변함이 없다.

　아득한 옛날부터 인류는 이야기를 통해서 세상과 소통해 왔다. 세상과 인간을 이해하는 방법으로 신화와 전설과 민담을 만들어 냈고, 알 수 없는 자연현상들은 수많은 이야기의 소재가 되었다. 사람들은 이야기를 통해서 세상을 이해하고 배워나갔으며, 이야기가 가지고 있는 재미와 감성을 바탕으로 더 호소력 있고 설득력 있는 커뮤니케이션을 할 수 있었다.

　이야기는 정보를 단순히 단편적으로 전달하는 것이 아니라, 전달하고자 하는 정보를 더 쉽게 이해시키고, 더 잘 기억하게 하며, 더 잘 공감하게 한다. 이야기는 우리에게 이 세상을 더욱 풍성하게 살 수 있도록 도움을 준다. 이야기를 통하여 생각지도 못한 것들을 보고 들으며 경험의 폭을 무한히 확장해 나가는 행운을 얻기도 한다.

김광식은 글쓰기를 통해 삶을 이야기하는 사람이다. 이야기를 밋밋하고 재미없게 하는 사람이 아니라 맛깔스럽고 재미나게 하는 사람이다. 그에게는 독자를 이야기의 광장으로 끌어들이는 힘이 있다. 어떤 이야기라도 흥미진진하게 인도해가는 '이야기꾼'의 기질이다. '꾼'은 재미만 아니라 감동도 자아내는 사람이다. 작가이자 이야기꾼으로서 김광식은 자신이 경험한 여러 이야기를 통해 재미와 감동을 전해준다.

  김광식 이야기의 주된 화소는 인간이다. 가족과 친구, 이웃들, 조선족과 같은 삶의 현장에서 만난 다양한 인간 군상이 그가 포착한 이야기의 핵심이다. 그의 이야기는 누구에게나 그리운 이름 '순이', 반백이 되도록 우정을 이어온 친구들, 손녀딸, 아내, 아들, 어쩐지 불편한 이름이 되어버린 조선족과 탈북민 등 자신을 둘러싼 작은 이야기에서부터 동포의 삶과 역사의 아픔을 함께하고자 하는 큰 이야기까지 두루 망라해 있다. 그들의 이야기를 통해 작가는 그리움과 우정과 사랑과 연민을 이야기한다. 어쩌면 그의 이야기는 세상 사람들에게 보내는 연가처럼 보이기도 한다. 삶에서 건져 올린 낱낱의 이야기를 충실히 재현하고 그것들을 반추해가며, 그때는 몰랐으나 지금은 알게 된, 지나가고 말았으나 다시 그리운 것들을 살뜰히 챙겨보는 것이다.

  김광식은 2014년 수필 전문지 『에세이스트』를 통해 이른바 문단이라는 제도권의 영역으로 진입했다. 그는 개성과 야성 가득한 문채(文彩)로써 인간과 삶을 이야기한다. 이야기 혹은 글쓰기에 대한 그의 전략은 독자를 염두에 둔 흥미로운 전개에 있다. 독자의 관심을 끌어내는 유머러스한 어투

와 궁금증을 유발하는 말하기 방식은, 내용의 경중이나 분량의 장단에 상관없이 이야기에 빠져들게 하는 매력이 있다.

김광식은 수필을 '트로트'에 견준다('대중문화'). 난수표같이 어려운 글, 한 꼭지 읽기도 머리 아픈 글보다, '다수의 보통 사람들을 행복하게 해주며 누구라도 마음만 먹으면 언제라도 따라 부를 수 있는' 트로트 같은 글을 추구한다. 그래서 그런지 그의 글은 쉽고 재미있다. 가벼운 마음으로 유쾌하게 읽을 수 있다. 그러나 무게가 느껴지지 않는다는 말은 결코 아니다. 어떤 글은 과연! 하고 무릎을 칠 만큼 깊은 울림을 주기도 하고, 어떤 글은 아릿한 여운을 남기고 있으며, 어떤 글은 삶이란 무엇인가, 심각하게 고민하게도 한다. 물론 읽으면서 계속 웃게 되는 이야기도 있으니, 책장을 펼치는 데 주저하지 않아도 된다.

2. 그 이름 '순이'

「순이」1, 「순이」2의 「순이」이야기는 김광식의 아리따운 정서를 밀도 있게 감상할 수 있는 작품이다. 작가는 저 여남은 살의 과거로 돌아가 그 시절의 풍경을 생생하게 재현할 뿐 아니라 누구라도 간직하고 있음 직한 가슴 뛰는 이야기로 독자를 이끈다. 그것도 흰 저고리에 검정 치마, 버선, 고무신 같은 구시대의 냄새가 물씬 나는 옛날로 말이다. 그곳에는 볼우물이 아주 예쁜, 얄캉얄캉 마른 순이가, 커다란 눈을 깜박이며 우리를 기다리고 있다.

'순이'는 첫사랑의 이름이다. 글 어디에도 그런 말은 없지만, 누구라도 그렇다고 인정하는 이름이다. 비슷한 또래 이성을 향해 처음으로 느끼는 낯선 감정, 두근거리기도 하고 설레는 것도 같은 그것을 첫사랑이라고 한다면, '순이'는 응당 그에 상응하는 이름이다. 생각해 보라. '순이'의 볼우물이 너무 예쁘다고 느낄 때, "너 미꾸라지 잡으러 내에 갈래?" 하고 생각지도 않은 말이 툭 튀어나올 때, 그 순간의 느낌을 무엇이라 말할 수 있는가. 형언하기 어렵지만 어쩐지 좋은 것, 은미하게 와닿는 그 느낌은 지금 '첫사랑'을 통과하고 있다는 뜻이다.

김광식의 「순이」 연작은 김유정의 「동백꽃」, 황순원의 「소나기」와 같이 우리를 '처음'으로 돌아가게 한다. 동백꽃 향기처럼 알싸하기도 하고 금방 그쳐버린 소나기처럼 섭섭하기도 한 그것은, 결코 격렬하거나 맵찬 경험이라고 하기는 어렵지만, 두고두고 우리를 찾아오는 먼 데 손님 같은 존재다. 아련하고 아득하여 전설처럼 굳어버린 이야기라 할지라도 언제고 되돌아와 지금 여기를 다시 산다. 김광식이 '순이'를 이야기하는 시점은 그때로부터 수십 년이 지나 있지만, 그의 얼굴에는 소년의 홍조가 그대로 떠 있다. '순이'도, '순이'를 기억하는 마음도 늙지 않는다.

…그런 순이를 생각지도 못한 곳에서 만나게 됐는데, 그곳은 바로 우리 집 마당이었다. 제 엄마를 따라온 순이는 날 보고서도 못 보았다는 듯이 예처럼 제 고무신 코만 쳐다보고 있었다. 순이 엄마가 우리 집 집안일을 맡아 하기로 하였다. 그리고 순이는 일주일에 한 번 반공일날 우리 집으로 와서 제 엄마와 함께 자고 온

공일 오후에 제 집으로 돌아갔다. 우리 엄니가 누나들이 입던 옷과 양말, 신발들을 챙겨 주었지만 순이 차림새는 달라지지 않았다. 하긴 나보다 세 살, 다섯 살 많은 누나들의 옷이었으니 얄캉얄캉 마른 순이 몸에 맞을 리도 없었다.

-「순이」1 부분

「순이」에는 말들도 늙지 않고 살아 있다. 작가는 그 시대의 풍경을 고스란히 옮겨와 고무신에 치마저고리를 입은 '순이'의 차림새와 제 엄마를 찾아 반공일(토요일)날 와서 온공일(일요일)날 돌아가는 사정을 재현한다. 작가는 엄마도 아니고 어머니도 아닌 '엄니'라는 호칭을 그대로 사용하고 있으며, 지금은 사라지고 없는 '반공일', '온공일' 같은 어휘도 고쳐 쓰지 않은 채 이 말들이 품고 있는 맛과 향기와 질감을 그대로 드러낸다. '엄니'는 엄마 또는 어머니를 이르는 방언이지만 '엄니'의 자리에 엄마가 오거나 어머니가 있게 되면 말의 질감은 그만큼 떨어지고 만다. 말에도 생명이 있어서 어떤 말은 영원불변하고, 어떤 말은 한 시절 좋이 살다 스르르 사라진다. 김광식의 '엄니'는 영원히 살아 있는 말이다. '엄니'라는 이름에는 '엄니'라고 불렀을 때만 느낄 수 있는 말의 뉘앙스와 온기와 냄새와 시간이 배어 있다. 그것이 엄마(어머니)라는 표준어를 쓰지 않고 촌스럽게(?) 굳이 '엄니'를 쓰고 있는 이유다. 그래야 '엄니'는 그때 그대로의 '엄니'가 되고, '엄니'의 시절 또한 변하지 않기 때문이다.

「순이」에는 이런 풍경도 있다. 어느 날 약주 몽땅(!) 드시고 온 아버지에게 못 살겠으니 헤어지자고 소리 지르던 '엄니'가 다음 날 아침에는 '명태국을 계란까지 풀어 끓여 놓고 보통날보다 더 싹싹하고 밝게 아버지를 대하는' 것을 보고 너무 의아한 나머지 출근길 아버지를 붙들고 묻는 장면. "아부지! 엄니는 왜 근당가? …어저께는 도망간다더니 아침에는 웃네?" 이런 대목. 이쯤에선 웃지 않을 수가 없다. 아직 어린 작가의 천진함도 천진함이지만 그보다 말의 질감을 실감할 수 있기 때문이다. "엄니는 왜 근당가?"라고 하는 말속에는 어제의 '엄니'와 오늘 아침의 '엄니'가 왜 다른지를 이해할 수 없는 아이의 심리가 볼록하니 튀어나와 있다. 전혀 통제되거나 가공되지 않은 입말 그대로의 언어(사투리)로 품고 있던 의문을 툭 내뱉은 것이다. 짧은 한 소절의 문장이지만 말이 구현되는 구체적 현장을 보여주고 있다는 점에서, 직간접적으로 작가의 심리가 투사되어 있다는 점에서도 주목되는 문장이다.

　'엄니는 왜 근당가?' 흥분한 기색이 역력해 보이는 이 질문의 근저에는 자신을 아는 체하지 말라는 '순이'의 말을 아무리 생각해도 이해할 수 없는 '나(작가)'의 마음이 놓여 있다. 여름방학 때부터 우리집에서 살게 됐지만 '순이'는 학교도 '나'와 함께 가지 않는 데다(집에서는 안 그러면서) 누가 자기를 놀려도 아는 체 말라고 쏘아댄다. 왜 그래야 하냐고 묻는 '나'에게 '너만 놀리지 않음 난 괜찮다'고 한다. 그러면서 눈에 눈물까지 맺히는데, 그건 또 왜 그럴까? 도대체 여자(순이) 마음은 알 수가 없다. 그렇다고 '순이' 말대로 진짜 모른 체할 수도 없고, 누구에게 물어볼 수도 없는 일이다. 이런 상황에 튀어나온 말이 바로 저 문장이다. 그러니까 '아부지! 엄니는 왜 근당가?'하고 묻는 이 질문은, '순이는 왜 근당가?' 묻고 싶은 '나'의 마음을

에둘러 표현한 것이라고밖에 볼 수 없다. '나'는 '순이'의 마음이 무엇보다 알고 싶은 것이다.

사투리 혹은 시대성을 담은 어휘들로 작품의 질감이 풍성해졌다면, 잦은 대화체의 사용도 그 일환이라 할 수 있다. 김광식은 「순이」뿐 아니라 다른 글들에서도 인물들의 말을 그대로 인용하거나 삽입하는 경우가 많은데, 부러 다듬거나 꾸미려는 흔적 없이 울퉁불퉁 있는 그대로를 구사함으로써 말의 질감을 더욱 살려주고 있다. 행갈이를 하지 않은 채 연속되는 문장들은 거친 표면 그대로 혹은 날것이 주는 야성의 맛 그대로 삶의 현장을 구체화한다. 정제되고 길들여진 것보다 투박하고 거칠지만 있는 그대로의 모습이 더 매력이라는 인식은 여기서도 통용된다. 그러나 여백이 없는 문장은 자칫 피로감을 줄 수 있으며, 다듬지 않음으로 인하여 원질을 드러내는 데는 장애가 될 수도 있다. 다행인 것은 김광식의 이야기를 밀고 나가는 힘이다. 그의 이야기들은 거친 듯 섬세한 듯, 방만한 듯 어지러운 듯하면서도, 하고자 하는 이야기의 핵심을 놓치지 않는다.

다시 「순이」에게로 돌아와, '순이'와의 이별 장면을 보자. 한집에 살던 순이네가 떠난다는 말에 작가는 며칠을 심하게 앓는다. 딱히 그 때문이라 하기는 어렵지만 어쨌건 몹시 아팠는데, '누가 내 이마를 만지는 것 같아 실눈을 살짝 떠보니 진짜 순이가 이마의 땀을 닦아주고 있'는 거다.

"…멍충이! 맨날 아프기만 하고" 들릴 듯 말 듯한 목소리로 애먼 흉을 보더니, 왜 또 눈물은 흘리는지 모르겠다. 그래도 멍충이란 말이 날 욕하는 말은 아니라는 것을 이참에 확실히 알 수 있었다. 수건으로 제 눈물을 훔치더니 그 수건을 내 손에 쥐어 주고 방을 나갔다.

　…내가 다시 잠이 들었다가 점심 무렵에야 며칠 만에 방 밖으로 나갔더니 뭔가 집이 텅 빈 것 같았다. 잠시 어지러워 툇마루에 앉는데 마당에 비질하고 있던 점순이 누나가 "너 인자 괜찮냐? 근디 어쩌꺼나, 순이네가 아침나절에 가부렀어야….

　아, 순이가 갔구나."

- 「순이」 2 부분

　열에 달뜬 이마를 닦아주던 '순이'가 떠났다. 맨날 아프기만 한다고 '멍충이'라 타박하던 '순이'지만, 그 말이 '나를 욕하는 말은 아니라는 것을' 확실히 알 수 있게 해주고, 그리고 '내' 이마의 땀을 닦고 '제' 눈물을 닦던 손수건(처음으로 수를 놓아 만든, 순이가 가장 아끼던)을 내 손에 쥐여 주고서 말이다. 떠난 줄도 몰랐다가 나중에야 듣게 된 순이네의 소식에 아직도 기운을 다 차리지 못한 '나'는 '아, 순이가 갔구나.' 잠결인 듯 짧은 한마디를 내놓을 뿐이다.

　어른들은 그 속에 무엇이 지나갔는지 전혀 알지 못하겠지만 여남은 살 무렵의 이 사태는 저마다의 가슴에 사랑의 기원으로 새겨진다. 설사 깊은 상실감으로 몸살을 앓을지라도 '처음' 맞이한 그 사태는 언제나 아리땁게 기억된다. 세월이 흘러 백발이 되어도 '펼칠 때마다' 향기가 나는, 그 이름은 '순이'다.

3. 동포의 삶과 디아스포라

 인간은 이동하는 존재다. 이곳에서 저곳으로, 저곳에서 이곳으로의 이동을 통해 삶을 영위해 나간다. 이동은 인간의 본능적인 행위이며 생존의 방편이기도 하다. 의식주를 해결하기 위해, 열악한 환경을 벗어나기 위해, 또는 변화와 성장을 도모하기 위해서도 이동은 불가피한 일이다. 이러한 사정은 정착을 전제로 하는 농경사회에서도 지속적으로 이루어져 왔으며, 도시화 및 산업화를 거쳐 세계화 시대의 오늘날에 이르러서는 더욱 가속화된 현상이다. 그 결과 새로운 디아스포라(diaspora)들이 생겨나고 동시에 그와 연관된 문제들이 속속 대두되는 상황이다. 디아스포라는 본래 '이산(離散)'을 의미하는 그리스어이자 팔레스타인 땅을 떠나 세계 각지에 거주하는 이산 유대인과 그 공동체를 가리키는 용어였다. 그러나 전쟁과 식민지화로 고국을 등져야 했던 난민이나 이민자들이 생겨나면서는 그들을 지칭하는 말로, 학업이나 직업, 결혼, 여행 등 세계화 시대의 오늘에 와서는 삶의 유동성과 장소의 혼종성을 가리키는 훨씬 광범위한 의미로 쓰이고 있다.

 김광식은 1990년대 초반부터 최근까지 한국과 중국을 오가는, 이쪽과 저쪽을 부단히 왕래하는 삶을 살았다. 사업상의 이유로 혹은 자녀의 교육 문제 등과 얽혀 그의 삶의 공간은 한국과 중국 양쪽에 걸쳐 있었다. 코로나19로 발이 묶이면서 다시 한국에 정착하게 되었지만, 20여 년 넘게 이른바 디아스포라로 살아온 셈이다. 그 과정에서 김광식은 남다른 경험을 하게 된다. 그의 작품에는 그러한 사정이 꼼꼼하게 기록되어 있거니와, 이는 중국에서건 한국에서건 소수자 혹은 이방인으로 존재할 수밖에 없는 삶의 조건과 그 너머의 현실들을 적극적으로 취재한 결과들이다. 「조선족 마을 방문기」는 '이산가족', '아, 한 많은 두만강아!', '세 나라 국경 변의 조선족 마을'이라는 세 개의 이야기로 구성된 취재기이고, 「목단강변 이화네」는 공사 현장에서 사고로 숨진 조선족 인부의 가족을 찾고 그 사후처리에 관여한 내용을 담고 있는, 자그마치 원고지 130여 매로 이루어진 장편 보고서다. '일로순풍', '개관사정', '임중도원', '애별리고' 등 네 글자 짜임의 소제목들은 이야기의 내용 및 방향을 제시해주는 동시에 글의 구조를 탄탄히 받쳐줌으로써 작품의 완결성을 돕고 있다. 「조선족으로 살아가기」는 한 조선족의 삶을 통해 그들의 정체성 문제를 다룬 것으로, 역시 활발한 취재가 돋보이는 작품이다.

김광식의 중국 내 조선족과의 접촉은 한국과 중국을 수시로 왕래하는 삶의 여건에서 일종의 다리 역할을 해준 것으로 보인다. 말도 통하고 현지 사정도 잘 알 것으로 판단됨에 따라 양쪽 모두에게 긴요한 존재이기도 했을 것이다. 그러나 그에겐 무엇보다 '조선족' 역시 다 같이 한 민족이고 한 동포이며 한 핏줄이라는 의식이 강하게 박혀 있다. 한족이 90% 이상을 차지하고 나머지 55개의 소수민족으로 이루어진 중국은, 중국 국적의 우리 겨레(한민족)를 '조선족'이라 칭한다. 이는 중화인민공화국(중국)의 설립과 함께 중국 내 소수민족을 민족 단위로 통제하고 관리하기 위한 정책적 필요에 따른 것이었지만, '조선족'이라는 이름을 얻게 되기까지의 내력을 살피자면 결코 편한 이름은 아니다.

조선족의 역사적 기원은 17~18세기로 거슬러 올라간다. 거듭되는 흉년과 자연재해로 인한 농민들의 소작지 상실과 권력층의 부패로 인한 사회적 혼란은 다른 곳으로의 이주 현상을 불러왔다. 1860년대 이후 한반도에서 만주로 이주하는 조선인이 크게 늘었고, 특히 일제 강점기와 6.25 전쟁 등 동북아시아 정세가 격변할 때마다 대규모의 이주가 있었다. 이들은 연변주와 길림성을 비롯한 동북 3성에 주로 거주하며 공동체를 이루어 민족의 전통을 지켜나가고 있다. 그러나 중국 사회의 변화와 함께 이들 또한 타 지역으로의 이주 현상을 보이고 있으며, 그 가운데 엄청난 '한국 붐'이 일면서 모든 것이 급속히 달라지는 추세다. 1982년 중국정부가 공식적으로 조선족의 한국 친척 방문을 허용하고, 1988년 서울올림픽대회가 열리면서 고향방문, 노동이주, 유학 등을 목적 삼아 한국으로의 이동은 더욱 활발해졌다. 그 결과 조선족 사회의 의식 및 문화, 경제, 가정생활, 가족구조 등 전 영역에 걸쳐 많은 변화가 일어났다.

그 변화의 소용돌이를 김광식은 몸소 체험하고 기록함으로써 조선족 디아스포라의 구체적 실상을 파헤친다. 조선족은 중국인이라는 국가 정체성과 한민족이라는 문화 정체성, 즉 이중의 정체성을 지닌 디아스포라로, 작가 자신과도 절대 무관한 존재가 아님을 인식하게 되는 것이다. 자신도 고국을 떠나 낯선 땅을 떠도는(?) 형편이고 보면 피차 같은 처지라는 동병상련의 의식도 배제할 수 없다. 단지 사업상의 필요 혹은 표면적인 관계에 그쳤다면 이처럼 수고로운 보고서는 쓰지도 않았을 것이다.

　조선족의 삶에 대한 작가의 관심은 우선 언어가 통하는 데다 한민족이라는 문화적 동질감에서부터 시작된다. 그러나 더 근원적으로 작용한 것은 동포들에 대한 연민의 마음이다. 작가에게 조선족은 중국 국적의 외국 사람이 아니라 낯설면서도 친밀한 타자화된 우리 겨레, 곧 자신이다. 떠나온 자의 비애 혹은 삶의 신산함을 자신도 알고 있는 까닭이다. 그렇지 않고서야 굳이 그 멀고 위험한 길을, 잘 알지도 못하면서 부러 찾아가는(「조선족 마을 방문기」) 일은 없었을 것이며, 「목단강변 이화네」의 그렇게 복잡한 사후처리 문제도 주저함이 더 컸을 것이다.

　조선족 디아스포라에 대한 김광식의 글쓰기는 르포르타주(reportage)와 같은 일종의 보고문의 성격을 띤다. 실제 조선족 마을을 방문해 그들과 함께했던 일이나, '돈벌이 출국(코리안 드림)'으로 인한 가속 해체의 현장을 몸소 체험하게 된 일, 좌충우돌 삶의 격투기 같은 한 조선족 여성의 삶에 대하여 작가는 단편적인 보고가 아니라 자신의 식견 및 여러 에피소드를 포함해 종합적인 보고문으로 완성해 놓는다. 전달하고자 하는 줄기만 있는 것이 아니라 곁가지도 풍성히 드리워 이야기의 맛을 더해준다. 우리의 판소리에서 느낄 수 있는 끝없이 유장한 흐름이 김광식 이야기의 특장점이기도 하다. 강의 내용이 아무리 좋아도 말의 높낮이나 리듬도 없고, 간헐적인 조크도 없고, 일정한 기계음만 반복된다면 수강생들은 시나브로 졸음의 늪에 빠져들고 말 것이다. 하물며 문자로서만 이야기를 전달하는 일은 오죽하겠는가. 문제는 이야기를 이루는 요소가 인물 사건 배경만 있는 것이 아니라 그것을 더욱 흥미진진하게 이끌어줄 화자(서술자)의 입심도 있어야 한다는 말이다. 이야기는 문자의 힘을 빌리긴 하지만 실은 말하는 사람, 즉 작가의 입심이기도 하기 때문이다.

조선족 디아스포라에 대한 그의 이야기는 단순한 풍문을 전하는 것이 아니고 단편적인 이야기에 그치는 것도 아니다. 스스로 찾아가고, 묻고, 살피는 적극적인 행보를 통해 그들의 삶에 대한 구체적인 실상을 그려낸다. 개방(한중수교조약) 이후 연변 지역에 역병처럼 퍼진 돈벌이 출국은 고아 아닌 고아들의 탄생과 그로 인한 아이들의 탈선, 가족의 붕괴로 이어지면서 이산가족 양산 등의 새로운 문제를 야기했다. 물론 경제 사정을 비롯해 좀 더 나은 여건을 갖추게 된 경우가 없지 않지만, 사정은 더 나쁜 쪽으로 기우는 일이 허다했다. 작가가 방문한 조선족 마을의 '그도 그렇지만, 「목단강변 이화네」의 사정은 더 험악하다. '코리안 드림'을 안고 한국으로 돈벌이 간 이화네 아빠가 공사 현장에서 사고로 숨진 가운데, 사망자의 신원 파악에서부터 보험금 처리 문제, 어린 이화의 양육 문제 등 산적한 문제가 한두 가지 아닌 거다. 당시 위해에 머물고 있던 작가는 한국에 있는 선배로부터 다급한 국제전화 한 통을 받게 되는데, 바로 그 일들의 처리 문제였다.

김광식은 조선족 디아스포라의 삶 그리고 한국인과 조선족 간의 불신 문제를 담론화하기도 한다(「조선족으로 살아가기」). 명문대학을 우수한 성적으로 졸업하고도 여전히 떠도는 삶을 살 수밖에 없는 가난한 조선족, 그들의 일년치 봉급에 해당하는 돈을 하룻밤 유흥비로 써버리거나 대단한 사람처럼 행세하며 공수표를 날리는 한국인. 그들 사이에 불신과 증오가 끼어든다. 고국(가족)이라고 찾아갔으나 반가움은 잠깐이고 은근하고 노골적인 냉대에 마음조차 얼어붙게 되며, 어렵게 구한 일자리에서도 차별받기 부지기수다. 그렇다고 돌아갈 수도 없다. 한국 방문을 위해 낸 빚과 다녀오면 부자가 될 거라고 믿고 있는 가족들을 생각하면 돌아가고 싶어도 돌아갈 수가 없다. 이래저래 양쪽에선 서로를 비방하는 목소리가 커지게 되고 관계는 더욱 악화된다. 급기야 '한국 분이나 한국 사람은 없고 한국 놈'만 남게 되고, '되놈보다 더한 조선족 빨갱이'라는 말이 나돌게 된다.

　한중 수교 이후 갑작스럽게 일어난 조선족과의 갈등은 지금은 많이 진정된 편이기도 하고, 중국 내 조선족 사회 또한 계속된 변화를 맞고 있지만, 편견은 여전히 남아 있는 상황이다. 중국은 한족의 나라이고 조선족은 소수민족인 이방일 뿐이며 한국도 조선족에겐 타국이나 마찬가지인 현실에서 조선족은 끊임없이 자신의 정체성을 고민한다. '이러한 현실에서 우리나라, 우리 사회, 우리가 해야 할 일은 무엇이며, 나에게 주어진 작은 책임은 무엇일까?' 김광식의 질문은 자신에게는 물론 독자에게도 향해 있다.

4. 유머로 이야기하는 삶의 비결

　「변의 사변」을 비롯해 「어(漁)떤 그리움」, 「더위 때문에」, 「나의 가엾은 대상포진」, 「오도송」 등의 작품에는 김광식표 유머가 깔려 있다. 「변의 사변」

은 배탈로 인한 긴박한 상황을 묘사한 글이고, 「어(漁)떤 그리움」은 낚싯바늘이 하필 눈을 찌른 이야기다. 「더위 때문에」는 아내와 각방을 쓰게 된 이유를, 「나의 가엾은 대상포진」은 대상포진으로 인한 가출사건을, 「오도송」은 활연대오, 크게 깨달은 경험을 적고 있거니와 이 이야기들의 공통점은 하나같이 재미있다는 것이다.

재미와 웃음은 이야기의 본질이기도 하지만 유머의 본질이기도 하다. 유머란 웃음을 유발하는 것이다. 우리는 난처하고 불편한 상황을 웃음으로 넘기기도 하고 고난과 역경 속에서도 유머를 즐긴다. 유대인들은 2차 세계대전의 홀로코스트를 경험하면서도 유머를 즐겼다고 한다. 프랭클(Victor Frankl)의 저서 『죽음의 수용소에서』에 의하면 죽음을 앞둔 유대인들을 붙잡아 주었던 것은 다름 아닌 유머였다고 하니, 유머에는 분명히 '살리는' 힘이 있는 것 같다. 분위기를 살리고 목숨을 살리고 삶의 그 뭔가를 살리는 것이 유머가 아니겠는가.

웃음을 유발하는 것에는 여러 가지가 있겠지만 김광식의 글에서는 우선 작품 전반에 스며 있는 해학적인 태도를 들 수 있다. 해학은 인간에 대한 긍정의 시선에서 나오는 것이고 보면, 그의 작품이 뿜어내는 특유의 활력은 그로부터 비롯된다고 할 수 있다. 김광식이 입심 좋게 써내려간 일련의 글들에는 그의 이야기꾼으로서의 재능이 유감없이 발휘되곤 하는데, 거기에는 부정적으로 혹은 삐딱하게 볼 수 있는 상황인데도 긍정하는 태도가 역력하다. 그리고 그 지점에 웃음이 놓인다.

「변의 사변」은 배탈이 나서 한 시간여의 거리를 거의 초죽음 상태로 견디다가(그것도 달리는 버스 안에서!), 마침내 해우의 쾌감을 맞이했다는 이야기다. 그 과정에서의 생생한 심리묘사가 이 글의 압권이다. 한계상황에 내몰린 인간의 마음과 표정과 몸짓을 따라가 보는 것만으로도 이 글의 재미와 감동과 교훈을 능히 헤아려볼 수 있다.

배탈이 난 이유는 점심을 먹고 차를 마시며 느긋하게 다음 차를 타고자 했건만 순식간에 계획을 바꿔버린 자신의 조급함 때문이고, 그 때문에 허겁지겁 '쓰레기통에서 주운 빈 생수병에 지하수를 넣어 얼려 파는', 위생과는 거리가 먼 길거리표 속임 수(水)를 마셨기 때문이다. 난감하기 짝이 없는 이 급작스러운 사태는 늘 버스간이나 화장실도 없는 척박한 곳에서(만) 일어난다(그렇지 않으면 이야기가 될 수 없다). 도무지 해결할 방법이 없는 고난과 시련의 시간 속에서 필사의 힘으로 참고 또 참는 동안, 어찌어찌 시간은 흘러서 마침내 '思無邪의 경지'에 임하게 되는, 참 다행한 이야기인데, 이야기의 끝은 여기가 아니다.

이야기가 여기서 그쳤다면 「변의 사변」은 배탈로 일어난 한 사실의 기록에 지나지 않았을 것이다. 살면서 누구나 한 번쯤은 겪게 되는 일이니, 이 글을 읽는 독자도 웃음 반 눈물 반 엉거주춤 동참할 수밖에 없을 것이다. 긴급함을 넘어 참담한 지경까지 이른 한 인간의 고통이 비단 그의 고통으로만 그치는 것이 아니라, 너와 나, 모두가 겪을 수 있는 고통이라는 것을 이해하게 되었을 것이며, 은근히 연민의 감정까지 더해졌을 것이다. 배설의 현장은 또 어떤가. 화장실 문이 있건 없건, 쪼그려식(式)이건 무엇이건 극한의 원은 이루었으니, 그곳에서 느끼는 것은 카타르시스다(카타르시스

(katharsis)란 원래 배설, 정화를 이르는 그리스어에서 출발했다)! 그것을 작가는 사무사(思無邪)의 경지로 한 차원 더 끌어올려 놓는다. 공자(孔子)는 생각에 사특함이 없는 순정한 경지를 일컬어 사무사라 하였거늘, 고난의 몸을 푸는 쾌변(快便)의 그 순간이 곧 사무사의 경지인 것이다.

이 작품에 방점을 찍게 하는 것은 마지막 문장이다. 밝고 개운하고 희망찬 마음으로 화장실을 나섰으나 또 문제가 기다리고 있는 상황. 빨리 나오라 화장실 바닥을 탁탁 치던 아까의 그 청소부 노인, 그가 이번엔 트렁크(작가의 모든 것이 들어 있는)를 가리킨다. '뭔가'를 요구하는 제스처임이 분명한데, 좀 전 화장실에서(배설의 쾌감을 더 즐기고자) 막 뜯은 담배를 갑째로 줘버린 상황에 난감하지 않을 수 없다. 하여간 그는 이렇게 말한다. "삶의 비결을 듣기 위해서는 정말 담배 한 보루의 비책은 필요할 것 같다."

사족이긴 하지만 담배가 정말로 삶의 비책이 된 때도 있었다. 오늘날 담배는 공공의 적이자 혐오의 대상으로 추락하고 말았지만, 지난 수 세기 동안 인류가 즐긴 가장 대표적인 기호품이었다. 손님을 접대할 때 차나 술 대신 쓰이기도 했고, 누군가에게 인사치레나 부탁을 해야 할 경우에도 제일 요긴한 물건이 담배였다. 그뿐 아니라 담배는 심리 치유의 역할도 했다. 세상살이 하 답답할 때, 터져나오는 울분을 주체하기 곤란할 때, 격한 싸움의 뒤끝에 늘 담배가 있었다. 담배 하나(한 개비건 한 갑이건 한 보루건)면 삶의 윤활유가 될 수도 있었고, 안 되는 일도 되게 할 수도 있었다(「불상 이야기」, 「목단강변 이화네」, 「어(漁)떤 그리움」 등의 작품에 쓰인 담배의 역할도 이와 같다). 하지만 담배는 자꾸 변방으로 밀려나고 시류 또한 급

변하고 있으니, 삶의 비책을 마련하는 일은 언제나 쉬운 일이 아니다.

　각설하고, 앞뒤 잴 것 없이 그저 웃고 싶다면 「어(漁)떤 그리움」을 읽어보라. 여기에는 부득이 웃음이 터질 수밖에 없는 아이러니한 상황이 낚싯바늘처럼 꿰어 있다.
　글을 읽으려면 우선 「어(漁)떤 그리움」이라고 쓰는 것이 어법상 맞는지 아닌지는 따지지 말자. 그보다 물속을 향해 던진 낚싯바늘이 어떻게 전혀 다른 방향으로 날아갈 수가 있으며, 그것도 애꿎은 사람의 눈을 정조준할 수 있는지, 그것을 말해보자. 그게 가능한가? 물론 가능한 일이다. 그렇다면 그럴 수 있는 확률이 얼마나 될까? 하지만 이건 확률의 문제는 아닌 것 같다. 도무지 일어날 것 같지 않은 일이 정말로 일어나고 말았다는 것, 그것이 포인트니까. '뒤로 넘어져도 코가 깨진다'는 속담이 있다. 속담은 오랜 경험에서 우러나온 삶의 진리일 터이니, 낚싯바늘이라고 꼭 물고기만 꿰란 법은 없는 것이다.

　「어(漁)떤 그리움」은 낚시하다 정말로 낚싯바늘에 눈이 꿰어 하마터면 실명할 뻔한 이야기다. '눈동자와는 전혀 무관하게 기술적으로(?) 눈꺼풀만' 꿰여서 다행이지 눈동자까지 꿰뚫어버렸다면 어쩔 뻔했나. 하지만 웃기는 건 어쩔 수 없다. 어이없고 황당하고 심각하기까지 한 상황인데도 웃지 않을 수 없고, 죽어가는 사람처럼 신음하던 사람이 '그녀'들을 향해서는 마초 같은 미소를 보내는 것에 웃지 않을 수 없으며, 그를 치료하는 의료진의 웃음을 따라 다시 한번 웃지 않을 수가 없다.

 웃음이란 대단히 기이한 감정의 표현이어서 기쁘고 즐거울 때만 웃는 것이 아니라 슬프고 고통스러울 때도 웃고, 말이나 행동이 우스꽝스러울 때도 웃고, 동문서답할 때도 웃고, 실망스러워도 웃고, 놀라도 웃는다. 예상과는 다른 일이 일어났을 때 혹은 뭔가 어긋남이 있을 때(쇼펜하우어는 그것을 '직관과 개념의 불일치'라고 표현한다), 그로부터 웃음이 유발된다는 것이다. 무엇을 예상 밖 혹은 어긋남이라고 생각하는가(무엇을 유머로 볼 것인가)는 각자의 경험, 문화, 지역, 시대, 교육의 정도, 사회적 계급 등에 따라 다를 수 있다. 하지만 웃음이 한 감정에서만 생기는 것이 아니라 여러 복합적인 감정으로부터 생긴다는 것은 어디서나 같은 결론일 듯하다.

 「오도송」, 「더위 때문에」, 「나의 가엾은 대상포진」, 이 세 이야기는 모두 '아내'로 귀결되는 작품이다. 「오도송」은 불가 스님들의 깨달음의 노래를 '오도송'이라 한다는 것을 빌려 자신에게서도 '오도송'이 터져 나오던 순간을 고백한 글이다. 한낱 범부(凡夫)인 주제에 그런 큰 제목을 붙인 것은 대단한 결례임이 분명하지만, 자신도 그에 버금가는 순간이 있었다는 뜻이다. 작가는 '정말 중요한 깨달음 후 절로 나온 한 마디였으니 결례를 무릅쓰고' 이야기를 시작해보겠다는 선언 아닌 선언을 앞세우고서 이야기를 시작한다. 결연함을 앞세운 이야기꾼의 말씀은 단박에 독자를 사로잡고 관심을 집중케 한다. 도대체 무슨 얘기를 하려는 걸까.
 작가의 이야기는 덤덤하게 흘러간다. 군대에서 척추 추간판탈출증 일명 디스크 수술을 받고 의병 전역을 한 이야기에서부터 30여 년이 가까워서야 보훈 대상자 심사 신청을 하게 된 일, 대상자로 선정되어 보상금도 받고 심지어 무료진료와 치료를 받는 특전도 있다는 것을 알게 된 일. 그래서 자신도 MRI라는 정밀도 검사를 하게 된 일 등이다. 그런데 도대체 그 일들이 '오도송'과 무슨 관계가 있다는 말인가. '오도송'과는 별 상관이 없을 것 같은 이야기에 독자는 더욱 호기심이 일어난다. 그걸 아는지 모르는지 짐짓 딴청을 피우는 건지, 작가의 이야기는 계속된다. 하나 힌트가 있다면 장면장면에 꼭 '아내'가 등장하고 있다는 것.

MRI촬영을 위해 둥근 관속 같은 검사대에 들어간 작가는, 가슴에 손을 얹고 요란한 기계음을 들으면서 수십 분 동안을 오직 가만히 있어야만 한다. 그런 중에 지금 여기가 진짜 관속이라면? 하는 생각이 들고, 죽음의 순간을 떠올리며 자신의 삶을 돌아보게 된다. 문제는 죽어도 여한이 없는 것이 아니라 '이제까지 절실하게 목숨 내놓고 누구를, 무엇을 사모해본 적이' 있느냐? 하는 것이다. 정말로 그런 적이 있는가? 없다. 그것이 억울하다. 그럼 이제부터라도 그런 삶을 살아야 할 텐데 무엇을, 어떻게? 아무리 생각해봐도 '그 답이 도무지 떠오르지 않아 더욱 억울하다.'

…이제까지 절실하게 목숨 내놓고 누구를, 무엇을 사모해본 적이 없는 삶이었다. 이제 죽어도 여한이 없다고 말할 수 있는 사람들은 얼마나 대단한 사람들인가! 그런 사람들의 생사입판(生死立判)의 치열(熾烈)한 삶이 부러워서라도 아직은 죽을 수 없었다. 그럼 이제부터 나는 뭘 찾아서 그렇게 열정적이며 뜨거운 삶을

살 것인가? 한참을 생각해도 그 답이 도무지 떠오르지 않아 더욱 억울하였다.

-「오도송」부분

 작가는 그 답을 찾았을까, 못 찾았을까? 김광식의 '오도송'은 무엇이었을까? 그 답은 독자 여러분이 찾아보시기 바란다.
 답도 답이지만 이 글은 이야기를 전개하는 작가의 솜씨가 새삼 돋보이는 작품이다. 이야기란 이런 것이다, 혹은 깨달음이란 이런 것이다, 라는 것을 '나'라는 한 범부의 이야기를 통해 이처럼 생생하게 들려주는 것은 유쾌한 일이다. 한낱 범부의 작은 깨달음이 어찌 고매한 스님들의 '오도송'에 비할 건가 싶지만, 누구도 김광식의 '오도송'에 시비 걸 사람은 없을 것이다. 오히려 아하, 그거였군! 유쾌하게 머리를 끄덕이거나, 깊이 숙고하게 되는, 또 다른 깨달음이 뒤를 따르게 될 것이다.

 「나의 가엾은 대상포진」역시 아내가 등장한다. 아내는 대상포진에 걸린 '나'를 하루 이틀은 극진히 대하더니 점점 귀찮아하는 모습이 역력하다. 섭섭한 마음에 '일주일 복용할 약과 대상포진이 죽는 병은 아니라는 처방을 받아들고' 친구가 사는 시골로 가출(?)을 해버린다. '잘 먹으면 낫는 병이라더라'는 친구와 더불어 고기에 술에 한 상 거나하게 받아들고 있는데, 여관 방 문이 노크도 없이 왈칵 열리면서 아내가 들이닥친다.
 소주 한 병이 댓바람에 비워지고 두 병, 세 병을 지나 네 병째를 따는데 여관

방 문이 노크도 없이 왈칵 열린다. "거기서 스톱! 이것이 시방 뭔 시츄에이션들이여?" 하며 들어서는 두 여인은 존경하올 마누라님들이셨다. 그 와중에도 우리 님은 나보다 싱싱한 생고기가 먼저 눈에 들어오는 모양이다.

'통증은 좀 어쩌느냐?'는 인사치레 말도 없이 상 앞에 주저앉더니 "어이, 거기 김 군, 한 잔 따라봐." 하며 잔을 내민다. 아아, 위로 한 번 제대로 받지 못하고 그렇게 물 건너 가버린 나의 가엾은 대상포진이여!

— 「나의 가엾은 대상포진」 부분

가출한 남편을 찾아 득달같이(?) 내려온 아내의 눈앞에는 그야말로 진상이 펼쳐져 있다. 한바탕 소동이 날 뻔도 하건만 '이것이 시방 뭔 시츄에이션이여?' 정도의 가벼운 조크로 끝나고 있는 데다, 아픈 건 좀 어떤가 인사치레 한마디도 없이 '어이, 김군. 한 잔 따라봐' 하며 잔을 내미는 아내를 보면 부창부수라는 말이 저절로 떠오른다. 아내와 남편 사이 섬세한 감정의 골을 한 편의 시트콤처럼 엮어낸 '꾼들'의 유머에 웃지 않을 수가 없다.

「더위 때문에」는 제목 그대로 더위 때문에 아내와 각방을 쓰게 된 이야기다. 더위가 물러난 지 한참이 지나 아침저녁 오싹한 기운이 돌고 있는데도 합방할 기회를 놓친 채 장기화되고 있다는 것이다. 그 과정에서 작가는 아내를 섭섭하게 했던 일, 버럭버럭 화를 냈던 일을 이야기하며 반성모드로 돌아와 있지만, 엊그제 또 일을 저질렀으니 장차 어찌해야 좋을지 모르겠다는 엄살 같은 이야기.

이 세 편의 이야기는 바탕에 깔린 웃음과 함께 삶의 행복을 말하는 작가의 진정이 담겨 있다. 그것은 무엇보다 아내를 향한 사랑이다. '오도송'이라 붙일 만큼 크고 깊은 사랑이며, 끝없이 관심받고 싶은 사랑이며, 언제나 함께하고 싶은 사랑이다. 사랑은 멀리 있는 것이 아니고, 사랑은 항상 지금 여기 그대 곁에 함께 있다고 말해준다.

그나저나, 사랑 고백을 이처럼 근사하게 하는 남편을 두셨으니, 그녀는 참 좋으시겠다.

5. 글쓰기의 미학

『천일야화』의 '세헤라자드'를 기억할 것이다.

세헤라자드, 아시다시피 그녀는 이야기를 잘했다. 뛰어난 검술이나 사람을 유혹할 만한 특별한 기술을 가지지는 않았지만, 자신이 알고 있는 수많은 이야기를 통해 잔혹한 폭군 샤리아르의 마음을 변화시킨 탁월한 이야기꾼이었다.

옛 페르시아의 왕 샤리아르는 자신의 왕비가 부정한 일을 저질렀음을 알고 분노가 치밀어 왕비를 비롯한 배신자들을 모두 처단했다. 뭇 여성들까지 죄다 혐오하여 날마다 새로운 처녀와 동침했다가 다음날이면 죽이는 일을 반복하는데, 어느 날 한 대신의 딸 세헤라자드가 왕과의 혼인을 자청한다. 그녀는 첫날부터 매일 밤 왕에게 이야기 하나씩을 들려주는데, 그녀는 이야기의 끝을 맺지 않은 채 매번 다음날 들려주겠다고 약속한다. 이야기는 몹시 흥미로웠고 그 끝이 궁금한 왕은 하루하루 그녀의 처형을 미루다가 결국 단념하기에 이른다. 어떻게 된 일일까?

그녀가 가진 무기는 단 하나, '이야기'뿐이었다. 그렇지만 그 이야기 덕분에 그녀도, 다른 여인들도 목숨을 구할 수 있었고, 왕의 인생도 구원을 얻게 되었다. 샤리아르가 그녀를 죽이지 않게 된 것은 그녀가 들려주는 이야기를 통해 자신을 다르게 바라보게 됐기 때문이다. 보이지도 만져지지도 않지만, 그녀의 이야기는 사람의 마음을 움직이고 변화를 끌어내는 특별한 힘이 있던 것이다.

글쓰기 또한 이야기와 다르지 않다. 글쓰기는 이야기의 한 형식이며, 이야기에 대한 인간 욕구의 표현이자 삶의 표현이다. 글을 쓴다는 것은 삶 속의 이야기를 발견하고 그것을 재현하는 일이다. 그러나 우리의 기억과 경험은 조각나고 무정형하고 무질서한 상태로 혼재하기 마련이다. 글쓰기는 그러한 혼돈의 상태에 질서와 체계를 부여함으로써 자칫 의미 없이 묻혀 버릴 이야기들을 다시 보게 해준다. 우리는 글을 씀으로써 삶의 이야기를 형상화하고 그 과정을 통해 재미와 감동뿐 아니라 성장의 기쁨을 얻어내기도 한다.

김광식은 글쓰기를 통하여 자신과 자신의 삶을 이야기한다. 그의 이야기는 '세헤라자드'의 이야기처럼 흥미롭고 유장하고 재미있다. 계속해서 듣고 싶어지는, 이야기의 맛을 낼 줄 아는 '꾼'의 솜씨다. 순이와 친구들과 아내와 아들, 그리고 자신을 둘러싼 주변인들의 이야기가 글쓰기를 통해서 다시금 재현되고 조명되는 것은 아름다운 일이다. 삶을 격려하고 힘을 북돋는 작가의 이야기가 언제까지나 계속되길 바란다.